UNSER TAUSENDJÄHRIGES REICH
POLITISCH UNKORREKTE STREIFZÜGE DURCH DIE GESCHICHTE DER DEUTSCHEN

Jan von Flocken

KAI HOMILIUS VERLAG, 2006

IMPRESSUM

© Kai Homilius Verlag 2006
Alle Rechte vorbehalten. Ohne ausdrückliche
Genehmigung des Verlages ist es nicht gestattet,
dieses Werk oder Teile daraus auf fotomechanischem
Wege (Fotokopie, Mikrokopie) zu vervielfältigen
oder in Datenbanken aufzunehmen.

Kai Homilius Verlag
Christburger Strasse 4, 10405 Berlin
Tel.: 030 28 38 85 10 / Fax: 030 28 38 85 18
www.kai-homilius-verlag.de
Email: home@kai-homilius-verlag.de

Autor:	Jan von Flocken
Cover:	Joachim Geißler
Satz:	KM Design, Berlin
Druck:	Ueberreuter Tschechien
ISBN:	3-89706-908-3
Preis:	€ 9,90

Die Deutsche Bibliothek-CIP-Einheitsaufnahme

Jan von Flocken
Unser Tausendjähriges Reich – Politisch unkorrekte
Streifzüge durch die Geschichte der Deutschen;
von Flocken, Jan – Berlin:
Kai Homilius Verlag, 2006

ISBN 3-89706-908-3   Ne: GT

"Was ich von den Deutschen halte: Sie sind von vorgestern und von übermorgen - sie haben noch kein Heute."

Friedrich Nietzsche,
„Jenseits von Gut und Böse", 1886

„Viele deutsche Autoren scheinen eine Art perversen Vergnügens daran zu finden, ihrem Volk eine einzigartige Schlechtigkeit zuzuschreiben, die es von der übrigen Menschheit unterscheidet."

David P. Calleo,
Historiker an der John Hopkins-Universität,
Washington, DC

INHALTSVERZEICHNIS

Vorwort: Heinrich Heine und das Deutsche 11

1. Das Regnum Teutonicum entsteht 17
2. Den Kriegern folgten Mönche und Bauern 31
3. Die neuen Herren des Abendlandes 45
4. Freie Wahlen – aber nur für sieben Männer 59
5. Eine deutsche Idee spaltet Europa 71
6. Geburtsstunde des armen Michel 85
7. Die Staatsmaschine im märkischen Sand 101
8. Das Reich entschlummert sanft 115
9. Deutschland spielt die zweite Geige 129
10. Auf steinigem Pfad zum Einheitsstaat 143
11. Mit Glanz und Gloria ins 20. Jahrhundert 157
12. Die Tragik einer ungeliebten Republik 173

Literaturverzeichnis 189
Register 191

Heinrich Heine und das Deutsche

Das Schloß zu Heidelberg galt einst als prächtigster Renaissancebau in ganz Deutschland. Seit 1693 ist es nur noch eine – obgleich imposante – Ruine. Wenn man heute auf einem Neckar-Dampfer am Schloßrudiment vorbeidümpelt, dann wird per Tonband erklärt, weiland sei das Schloß „zerstört" und hernach „wegen Unbewohnbarkeit aufgegeben" worden. Was mag diese Zerstörung wohl verursacht haben? Ein Erdbeben vielleicht, ein Vulkanausbruch, Blitzschlag oder Hochwasser? Auch offizielle Schloßführer schweigen darüber.

Um das Geheimnis zu lüften: Das Schloß wurde auf Befehl des „Sonnenkönigs" Luwig XIV. von französischen Soldaten in Schutt und Asche gelegt. Die hatten Übung darin, weil sie schon seit 1688 die wehrlose Pfalz und das Rheinland verwüsteten. Aber diese Tatsache scheut man sich heutzutage in Deutschland zu erwähnen, es könnte womöglich den Nachbarn (und staatlich verordneten Busenfreund) Frankreich verprellen.

Was ist geschehen mit diesem Land, das sich seiner Geschichte so inbrünstig schämt? Wo liegen die Wurzeln dafür, daß selbst die Zerstörung eines Schlosses durch fremdländische Soldateska heute schamvoll verschwiegen und kaschiert wird? Warum diese Scheu vor unserem Tausendjährigen Reich? Ein schwer belasteter Terminus, gewiß. Aber die Behauptung, Adolf Hitler habe den Deutschen weiland eine 1000jährige NS-Herrschaft versprochen, entspringt der Unkenntnis von Historikern und der notorischen Denkfaulheit von Journalisten. Wenn die Nationalsozialisten vom Tausendjährigen Reich sprachen, war jenes im Jahre 919 gegründete deutsche Kaiserreich gemeint, dessen Traditionen sie (mit welcher Berechtigung auch immer) fortsetzen wollten.

Vielleicht existiert ein spezielles Depressionsgen der Deutschen, das sie ihre eigene Vergangenheit so düster wahrnehmen läßt.

Heinrich Heine konstatierte vor gut 150 Jahren:

„Franzosen und Briten sind von Natur
Ganz ohne Gemüt; Gemüt hat nur
Der Deutsche, er wird gemütlich bleiben
Sogar im terroristischen Treiben."

Diese Zeilen enthalten nicht nur triefenden Hohn, sondern auch ein Quentchen Anerkennung für die friedfertige Grundeinstellung unseres Volkes. Es ist ein ebenso verstecktes Lob, wie der Witz bolschewistischer Massenmörder, die deutschen Revolutionäre würden vor Erstürmung eines Bahnhofes erst noch eine Bahnsteigkarte kaufen. Der Deutsche galt im Ausland lange Zeit als gutmütiger, weltfremder Trottel.

Im 19. Jahrhundert wurde es Mode, den Nationalcharakter eines Volkes in Symbolfiguren zu kennzeichnen. So entstand der britische „John Bull", ein ruppiger Typ in Schaftstiefeln mit Türstehervisage, in Frankreich die verführerische, blankbusige „Marianne" und in den USA der „Uncle Sam" mit seinem Knüppel allgemeiner

Weltbeglückung in der Faust. Verkörperung des Deutschen hingegen war „Michel", der unter seiner Schlafmütze leicht verdattert in die Welt schaut, stets gewillt, von seinen Nachbarn jedwede Gemeinheit hinzunehmen und sich dafür auch noch zu bedanken. Heinrich Heine kommentierte:

„Michel! Fallen dir die Schuppen
Von den Augen? Merkst du itzt,
Daß man dir die besten Suppen
Vor dem Auge wegstibizt?"

John, Marianne und Sam blieben viele Jahre ihrem Charakter treu, nur der Michel änderte sich plötzlich. Er rieb sich allen Schlafsand aus den Lidern, wurde stark und erwachsen, besorgte sich sogar seinerseits einen Knüppel. Also nahm Heine wieder die Feder und schrieb:

„Deutschland ist noch ein kleines Kind,
Doch die Sonne ist seine Amme,
Sie säugt es nicht mit stiller Milch,
Sie säugt es mit wilder Flamme.

Bei solcher Nahrung wächst man schnell
Und es kocht das Blut in den Adern,

*Ihr Nachbarskinder hütet euch,
Mit dem jungen Burschen zu hadern."*

Und als dieser junge Bursche dann auch noch Soldaten ausbildete, um seine Grenzen zu sichern, und eine Flotte baute, um seine Handelswege zu schützen, da riefen John, Marianne und Sam 1914 den russischen Bären zu Hilfe, um einen Weltkrieg vom Zaun zu brechen. Denn sie wollten ja ihren alten, treudoofen und bequemen Michel wiederhaben.

Heute, zwei Weltkriege später, ist er wieder da. Schon in der Schule lernen die Kinder, daß man fremde Besatzungssoldaten, Massenvergewaltiger und Bombenschützen als Befreier zu bejubeln hat und daß der deutsche Michel nicht nur eine Schlafmütze trägt, sondern auch zum größten Verbrecher der Menschheitsgeschichte mutiert ist. Und weil der Deutsche endlich wieder zu seiner einfältigen Demut gefunden hat, darf er als Belohnung – selbstredend unter ausländischem Kommando – in Mittelasien ein bißchen Krieg führen.

Um eben dieses Michel-Deutschland und seine Geschichte geht es hier. Unser Vaterland hat in den 1000 Jahren seiner Geschichte vor 1933 keine Scheusale wie Zar Iwan den Schrecklichen, keine geifernden Haßprediger wie Robespierre, keine Bartholomäusnacht, keine barbarischen Gewaltherrscher wie Heinrich VIII. oder Gangsterbosse wie Al Capone hervorgebracht. Gerade deshalb lohnt es sich, Michels Vergangenheit zu beleuchten. Denn Heinrich Heine wußte auch:

„Deutschland hat ewigen Bestand,
Es ist ein kerngesundes Land!
Mit seinen Eichen, seinen Linden
Werd' ich es immer wiederfinden."

1. Kapitel

Das Regnum Teutonicum entsteht

Deutschlands Geschichte mit Hermann dem Cherusker und der Schlacht im Teutoburger Wald einzuleiten, besitzt durchaus Reiz. Es wäre aber genauso unsinnig, wie Italiens Historie mit den Zwillingen Romulus und Remus zu beginnen. Zwischen Germanen und Deutschen sowie Römern und Italienern gibt es ein ungefähres territoriales Bindeglied, eine rudimentäre sprachliche Verwandtschaft, aber mehr nicht. Auch wissen wir wenig Genaues über unsere angeblich so trinkfesten und streitlustigen Vorfahren. Was etwa der römische Historiker Cornelius Tacitus in seiner „Germania" vor 2000 Jahren niederschrieb, beruhte großenteils auf Hörensagen. Ebenso diffus bleiben Autoren wie der Reiseschriftsteller Strabon, der zu eben jener Zeit notierte, die Germanen würden sich „durch den höheren Grad an Wildheit,

Körpergröße und Blondheit" von anderen Völkerstämmen unterscheiden!

Der Name „Germani" wird erstmals in den „Fasti capitolini", einem römischen Beamtenregister aus dem Jahre 222 v. Chr. erwähnt. Er stammt aus der keltischen Sprache und kann am wahrscheinlichsten als „Bewohner eines Waldlandes" gedeutet werden. So nannten die Gallier ihre Nachbarn rechts des Rheins, weil diese nicht in Städten, sondern in waldumstandenen Einzelgehöften wohnten.

Von den Germanen haben sich bis heute nur einige charakteristische Bezeichnungen im kollektiven Gedächtnis gehalten. So blieb vom Treiben der Ost- und Westgoten immerhin ein Kunststil namens „Gotik" erhalten, ein Terminus, der Anfang des 18. Jahrhunderts geprägt wurde. Und von dem germanischen Volk der Vandalen stammen Begriffe wie „Vandalismus" oder „Vandalentum" als Synonym für rohe, sinnlose Zerstörungen. Nun haben zwar die Vandalen im Jahre 455 n. Chr. Rom geplündert, benahmen sich dabei aber weder grausamer, noch gewalttätiger als vor ihnen die Gallier und nach ihnen Byzantiner oder Spanier. Den Begriff prägte übrigens ein 1794 ein französischer Bischof, um das Wüten des Pariser Revolutionspöbels zu kennzeichnen.

Schließlich gibt es noch einen weiterwirkenden sprachlichen Überrest in Gestalt der Angeln und Sachsen, zweier Germanenstämme, die im Wesergebiet und in Schleswig siedelten, Mitte des 5. Jahrhundert n. Chr. auf die Britische Insel auswanderten und dort eine eigenständige Kultur begründeten. Als „Anglo-Saxons" wurden so ausgerechnet Germanen bis heute zum Synonym für Engländer.

Wenn überhaupt etwas sich wie ein roter Faden durch die antiken Überlieferungen zum Thema Germanen zieht, dann zahlreiche Berichte von der ständigen Zwietracht zwischen den einzelnen Stämmen sowie über ihre völlige Unfähigkeit, sich dauerhaft miteinander zu liieren. Daraus ein Leitmotiv deutscher Geschichte zu konstruieren, wäre freilich genauso verfehlt, wie die Behauptung, zwischen Martin Luther und Adolf Hitler hätte eine geistige Kontinuität bestanden. Daß Letzteres von manchen Historikern versucht wurde, sagt nichts über den Wahrheitsgehalt dieser These aus.

Lassen wir also Cherusker, Teutonen, Nibelungen, Goten und Vandalen nebst Völkerwanderung und Hunnenkriegen im Dunkel unserer Frühgeschichte.

*

Man schrieb das Jahr 768, als Wigbod, Kaplan Karls des Großen, dem Papst in Rom von einer Synode berichtete. Fast entschuldigend fügte Wigbod hinzu, die Beschlüsse dieser Kirchenversammlung seien nicht nur in Latein, sondern auch in „theodisce" verlesen worden. Vielleicht wollte er den römischen Herren damit zu verstehen geben, daß neben der lateinischen Verkehrssprache hierzulande noch ein weiteres wichtiges Idiom existierte. Das von Wigbod vornehm latinisierte „theodisce" stammte vom gotischen Wort „thiudisk", was soviel wie volksmäßig oder dem Volke zugehörig bedeutete. Daraus wurde später „diutisk" und über weitere etymologische Umwege „deutsch". Wenn man also sagte: Wir sind deutsch, dann hieß das auch: „Wir sind das Volk".

Wann die Geschichte eines Volkes beginnt, ist eine der problematischsten historischen Fragen. Nimmt man die ersten Geschehnisse als Maßstab, die sich abzeichnen, einen Sinn erhalten und bildhaft erkennbar werden, von denen Zeugnisse oder sogar Einrichtungen erhalten sind? „Gewalt, Ängste und Nahrungsnot leiten die Geschichte eines jeden Volkes ein", schreibt Friedrich Sieburg in seinem Kompendium über Frankreichs Vergangenheit. Jedes feste Datum wäre unter diesem Blickwinkel willkürlich gewählt. Und doch braucht man eine Jahreszahl gleichsam als Wanderstab, um das Terrain der Geschichte eines Volkes zu durchmessen.

In Übereinstimmung mit den meisten Gelehrten kann man den Gründungszeitpunkt des deutschen Reiches ins Jahr 919 versetzen. Doch wie jede Geschichte hat auch diese ihre Vorgeschichte. Es waren die Erben des Frankenkaisers Karl des Großen, denen es vorbehalten blieb, die Grenze zwischen den emporkeimenden Staaten Frankreich und Deutschland zu ziehen. Ständig im Streit, schwuren sie sich ständig ewige Treue. 842 in Straßburg geschah es, daß die feindlichen Brüder Karl („der Kahle" genannt) und Ludwig (Beiname „der Deutsche") sich wiedereinmal feierlich einigten. „Aus Liebe zu Gott sowie zu des christlichen Volkes und unser beider künftigem Heil" sollte dies geschehen. Karl sagte: „Pro Deo amur et pro Christian poblo et nostro commun saluament." Ludwig sprach: „In Godes minna ind in thes Christianes folches ind unser bedhero gealtnissi." Die beiden brauchten mit Sicherheit einen Dolmetscher. Man hört schon das künftige Deutsch und Französisch aus diesen sogenannten Straßburger Eidschwüren.

Ein Jahr später, im August 843, wurde das Erbe Karl des Großen im Vertrag zu Verdun endgültig geteilt. Karl erhielt das westliche „Frankenreich", Ludwig das rechtsrheinische Gebiet und dazu die Städte Speyer, Worms und Mainz, weil er den dort angebauten Wein so sehr liebte. Lothar, der dritte Bruder, regierte ein seltsam langgestrecktes Zwischenreich, das von den Niederlanden bis nach Korsika reichte und spöttisch als „Kegelbahn" bezeichnet wurde. Seine Brüder nahmen Lothars Sohn 870 das Ganze weg und teilten es wiederum. Ludwig der Deutsche besaß nun ein Territorium, das zwar offiziell noch „Ostfränkisches Reich" hieß, aber immer öfter Deutschland genannt wurde. Dazu gehörten Städte wie Hamburg und Köln, Magdeburg und Erfurt, Ulm und Konstanz, Aachen und Halberstadt.

Vielleicht tut man den letzten Karolingern Unrecht, wenn man sie als dekadent bezeichnet, aber Fehler in ihrer Politik machten sie übergenug. Trauriger Höhepunkt war im Jahre 899 die Erhebung des siebenjährigen Knaben Ludwig zum Deutschen König. Im Reich ging es drunter und drüber, weil niemand dieses Kind ernst nahm. Die fünf mächtigen Stammesherzöge (Sachsen, Schwaben, Bayern, Franken und Lothringen) bekriegten sich in blutigen Fehden; eine zentrale Staatsgewalt, dem Wesen des Frühfeudalismus ohnehin wesensfremd, existierte nicht mehr.

Zum Glück starb Ludwig schon 911. Fortan wählten sich die deutschen Fürsten den Herrscher aus ihren Reihen. Der erste, Herzog Konrad von Franken, wurde Ende 911 zu Forchheim gekürt und versuchte die restlichen sieben Jahre seines Lebens, das Land zu einigen. Das gelang ihm zwar nicht, aber er tat dafür kurz vor seinem Tod einen Schritt, der ihn als klugen Politiker auszeichnet. Konrad veranlaßte 919 seinen Bruder, die Königskrone dem Herzog Heinrich von Sachsen anzutragen. Dieser war bisher Konrads größter Widersacher und Plagegeist gewesen. Jetzt sollte dieser hohe Herr am eigenen Leibe erfahren, was es bedeutete, König zu sein.

Das Jahr 919 war für die deutsche Geschichte immerhin so einprägsam, daß man es mit einer äußerst populären (aber leider unzutreffenden) Anekdote ausschmückte. Der 42jährige Herzog Heinrich soll bei Quedlinburg im Harz vor einer Scheune gesessen und Singvögel in einem Netz gefangen haben. Bei dieser für Adlige eher unstandesgemäßen Beschäftigung habe ihn eine Delegation angetroffen und feierlich die Königskrone angeboten. Das Ungewöhnliche bestand wohl eher darin, daß mit Heinrich I. am 14. April 919 der Herzog eines Volkes gewählt wurde, welches erst 100 Jahre zuvor gewaltsam dem Frankenreich Karls des Großen und dem Christentum unterworfen worden war. Die einst so widerspenstigen Sachsen (nicht identisch mit dem heutigen Bundesland, sondern in Niedersachsen siedelnd) waren zum Vorreiter der deutschen Einheit geworden, denn außer ihnen wollten nur noch die Franken den neuen Monarchen Heinrich I. anerkennen.

Der Mann aus dem Norden war vor allem in Bayern nicht wohlgelitten. „Was will der Sachse in unserem Land, wo seine Väter keinen Fußbreit Landes besessen haben?", schimpfte Bayernherzog Arnulf der Böse. Erst 921 ließ er sich von Heinrichs Argumenten überzeugen, nachdem er ihn vorher vergeblich zum ritterlichen Zweikampf gefordert hatte.

Heinrich I. war kein Kriegsheld mittelalterlichen Zuschnitts, ihn zeichnete vielmehr ein ruhiger, maßvoller und praktischer Sinn aus. Er fügte sich dem Unabänderlichen und vermied – stets das Erreichbare im Auge haltend – alle ausufernden „idealen" Ziele. Als Politiker hätte er Vorbild werden können für seine Nachfolger, welche glaubten, nur mit einer römischen Kaiserkrone bedeutende Herrscher zu sein. Ohne Feldgeschrei und Waffengeklirr, Feuer und Schwert ging es allerdings auch bei Heinrich I. nicht ab, doch seine bedeutendsten Erfolge waren eher diplomatisch-ökonomischer Natur. Leider hinterließ er aus seinen 17 Königsjahren nur 41 Urkunden, so daß wir nicht sehr viel Detailliertes über den Mann wissen.

Bedeutsame Verträge wurden schon vor mehr als 1000 Jahren in Bonn geschlossen. Dort traf sich Heinrich mit Frankreichs König Karl (der den bezeichnenden Beinamen „der Einfältige" trug) und veranlaßte den Karolinger im November 921 zum Verzicht seiner Dynastie auf den deutschen Ostteil des ehemaligen Franken-Imperiums. Jenes 920 erstmals erwähnte „Regnum Teutonicum", der frühfeudale deutsche Staat, der als Realität schon 80 Jahre zuvor existierte, wurde somit juristisch festgeschrieben.

Schwieriger war der Umgang mit den bogenschießenden Reiterhorden der Magyaren, die Jahr für Jahr aus den Wäldern im Osten hervorbrachen. „Alles, wohin sie kamen, wurde verwüstet… alt und jung, Mann und Frau erschlagen", klagte ein zeitgenössischer Chronist. Heinrich schloß mit den wilden Ungarn 924 einen neunjährigen Waffenstillstand (was ihn ebensoviel Geld wie Überredungskunst kostete) und nutzte die Zeit weidlich. Das Heer verstärkte er vor allem mit gepanzerten Reitern, ließ für die Bevölkerung im Grenzgebiet Fluchtburgen wie Nordhausen und Merseburg errichten. Ganz nebenbei führte der König 928 seine Männer über die zugefrorene Havel und eroberte die slawische Festung Brennabor (Brandenburg). Ein Jahr später wurde Meißen gegründet.

Den Ungarn erging es im März 933 beim Dorf Riade an der Unstrut schlecht, als sie auf die Idee verfielen, des Königs Ritter und Knechte durch einen Hinterhalt anzugreifen.

„Nun auf, ihr Volksgenossen,
Nun waffnet Haupt und Arm,
Auf flinken Steppenrossen
Naht her der Ungarn Schwarm.

Du, König Heinrich, lenk die Schlacht
Und scheuch den Feind mit Schwertesmacht
In seine Pußtasümpfe."

ereiferte sich noch 956 Jahre später der sächsische Lyriker Albert Möser.

Doch kehren wir zurück zum Datum von 919. Mag dieses Jahr pragmatisch gewählt sein – es scheint folgerichtig, das damalige Geschehen als Ausgangspunkt einer Entwicklung zu sehen, die das Werden des deutschen Feudalstaates wesentlich bestimmte. Heinrich I. gelang es, das Auseinanderbrechen dieses noch sehr fragilen Staates erfolgreich zu verhindern. Er legte den Grundstein, auf dem seine Nachfolger ab 936 weiterbauen konnten. Zur Jahrtausendwende erblickte man schließlich wichtige Wesenszüge eines Reiches, dessen Charakter deutsche Nationalität und deutsches Volk prägen sollten. Heinrich selbst schuf dafür eine wichtige Voraussetzung, als er in der Quedlinburger Hausordnung vom September 929 seinen 17jährigen Sohn Otto zum Nachfolger in der Königswürde bestimmte. Dieser erste Ansatz zur Installierung einer Erbmonarchie sicherte über Heinrichs Tod hinaus Unteilbarkeit und sicheren Bestand des Staates der Deutschen.

Ab 936 baute Otto I., mit Recht der Große genannt, die Zentralgewalt sowie den Einfluß des Deutschen Reiches nach außen weiter aus. Nachdem die Ungarn 955 in der Schlacht auf dem Lechfeld südlich von Augsburg geschlagen und ihre Macht für immer gebrochen worden war, orientierte Otto seine Politik auf Italien. 962 ließ er sich nach alter karolingischer Tradition vom Papst zum Römisch-Deutschen Kaiser krönen. Einflußreiche kirchliche Kreise empfanden dies als Demütigung, weil damit der Kaiser sich über den Stellvertreter Gottes auf Erden gestellt habe. Es begann ein Zeitalter, das von der Rivalität zwischen Papsttum und Kaisern geprägt wurde. Die Italienzüge und Kreuzfahrten richteten den Blick des Herrschers zunehmend nach Süden. Eine andere Stoßrichtung ging nach Osten. Mehrere Feldzüge Ottos gegen die Slawen leiteten ein erstes Kapitel deutscher Ostexpansion ein, das für die folgenden Jahrhunderte die Stellung des Reiches in Europa festigen sollte.

Denn der endgültige Sieg über die Ungarn war nicht nur von militärischer Bedeutung. Diese erste Beseitigung einer äußeren Gefahr, unter der fast alle gelitten hatten, ließ im Reich der Deutschen auch außerhalb der Adelskreise ein Gefühl der Verbundenheit entstehen. Die politische Einheit begann den Menschen langsam bewußt zu werden.

Seine glanzvollste Wegstrecke hatte das Regnum Teutonicum aber noch vor sich.

2. Kapitel

Den Kriegern folgten Mönche und Bauern

Mitten im Winter der Jahreswende 928/29 zog eine deutsche Heerschar durch das Gebiet der slawischen Daleminzier. Wo heute sächsische Städte wie Chemnitz, Döbeln und Oschatz liegen, führte vor fast 1100 Jahren König Heinrich I. Krieg. Zur ungewohnten Winterzeit, als Kampfhandlungen meist ruhten, stritt er mit seinen Rittern gegen die Elbslawen, um die östliche Grenze des Reiches zu sichern. Damit dieses Vorhaben nicht auf Dauer scheiterte, ließ der König Stützpunkte errichten. So entstand auch die Burg Misni, aus der später Meißen wurde. Der Chronist Thietmar von Merseburg berichtet: „Hier ließ er einen nahe der Elbe gelegenen, mit dichtem Wald bestandenen Berg roden und gründete dort eine Burg, die er nach einem an der Nordseite vorbeifließenden Bache

‚Misni' nannte." Vor dem Areal der entstehenden Burg mußten die bereits besiegten Slawen dem König Tribut zahlen.

Meißen wurde einige Jahre später Sitz eines Markgrafen. 937 betraute Otto der Große den Sachsen Gero mit der Grenzwacht gegen die Slawen. Es entstanden die Mark Lausitz, die Nordmark und die Mark der Billunger an der Elbe. Zusammen mit der Meißner Mark war dies in etwa das Gebiet, auf dem die frühere DDR lag, Thüringen ausgenommen.

Mit der Errichtung des Erzbistums Magdeburg gründete Otto I. 968 ein Zentrum der christlichen Kirche im ostelbischen Raum bis zur Oder. Zu Magdeburg gehörten die Bistümer Brandenburg, Havelberg, Meißen und Zeitz. Aber des Kaisers Vorstellungen griffen wesentlich weiter aus. Er entsandte den Mönch Adalbert, einen böhmischen Fürstensohn, nach Rußland, um dieses Gebiet (übrigens auf Wunsch der Kiewer Großfürstin Olga) für die mitteleuropäische Kultur zu gewinnen. Wäre Adalberts Mission geglückt, hätte die Geschichte des Abendlandes einen anderen Verlauf genommen. Doch der Mönch scheiterte, weil in Kiew bereits byzantinisch-orthodoxe Prediger das Terrain besetzt hatten. Umso wichtiger schien es nun, die benachbarten Westslawen jenseits der Oder zu gewinnen.

Der Polenfürst Mieszko I. versuchte seinerseits, die Slawen zwischen Oder und Elbe zu unterwerfen. Er gehörte zu den Inspiratoren der heutzutage gern verschwiegenen polnischen Westexpansion, welche sich nicht minder aggressiver Mittel bediente als die deutsche in Richtung Osten. Doch Mieszko war der Hartnäckigkeit von Markgraf Gero nicht gewachsen und mußte mit ihm einen Vertrag schließen, der die Oberhoheit des Kaisers anerkannte. 966 trat der Pole sogar zum Christentum über.

Diese erste Etappe der deutschen Ostexpansion verlief häufig gewaltsam. Slawische Stämme zwischen Elbe und Oder (Obotriten, Wilzen, Heveller und Daleminzier) wehrten sich gegen ihre Unterwerfung und die damit verbundene Christianisierung.

Deutschland war damals nicht so bevölkerungsreich, um das eroberte Gebiet dauerhaft kolonisieren zu können. Der große Slawenaufstand von 983 hatte den Verlust aller nördlichen Marken zur Folge; nur Meißen und ein Teil der Lausitz konnten behauptet weden. Damit war der erste Versuch einer territorialen Ausdehnung nach Osten gescheitert.

Es fehlte gerade nach 1945 nicht an Theorien, die den geschilderten Zug nach Osten mit einer spezifisch deutschen Aggressivität und Eroberungsgier erklärten, welche dann in Hitlers „Überfall" auf die Sowjetunion 1941 ihren folgerichtigen Höhepunkt erreicht habe. Dabei wird übersehen, daß ausnahmslos allen Feudalstaaten die Tendenz zur Expansion innewohnte. Deutschland sah sich dabei in einer besonders komplizierten Lage, weil dieses Land der Geschlossenheit natürlich geschützter Grenzen entbehrte, wie sie beispielsweise Frankreich, Spanien und vollends England besaßen. „Ohne natürliche Grenzen und folglich ohne Schutz, leichte Beute für alle Eindringlinge, dem unmittelbaren Zugriff des chaotischen Balkans ausgesetzt, mußte Deutschland allein dem Gewicht der gewaltigen slawischen Massen standhalten, deren Unendlichkeit es zugleich bedrückt und anzieht", beschreibt der französische Historiker Bernard Nuss das Dilemma. „Uneinig, von allen Seiten eingezwängt, ohne Fluchtmöglichkeit nach Norden, wo die Meere Einhalt gebieten, nach Süden, wo die Berge den Weg versperren, nach Osten, wo man an zähen Menschenmassen hängen bleibt oder nach Westen, wo starke Feinde auf der Lauer lagen, gab es für Deutschland nur einen Ausweg, den Rückzug auf sich selbst."

Anfangs verfügte man im Osten über keine feste Grenzlinie, sondern nur über einen höchst anfälligen Grenzsaum. Das wenig kultivierte Niemandsland in Ostelbien war demzufolge mehr als 150 Jahre zwischen deutschen und polnischen Fürsten umkämpft, weil beide Staaten über ein wesentlich höher organisiertes Staatswesen verfügten, als die halbwilden Stämme der Elbslawen. Da aber den Eroberungen mit Feuer und Schwert im 10. Jahrhundert so wenig Erfolg beschieden war, versuchte man es 200 Jahre später durch den Einsatz friedlicher Mittel. Die großartigen Resultate dieser Methode sprechen für sich und sollten im Waffengetöse europäischer Geschichte nicht übersehen werden.

Die zweite Etappe der deutschen Ostexpansion im 12./13. Jahrhundert besaß tiefgreifende ökonomische Ursachen. Das System der Dreifelderwirtschaft (Wechsel von Winterfrucht, Sommerfrucht und Brache) ermöglichte mit seinem überwiegenden Getreideanbau ein reichhaltigeres Nahrungsangebot. Unterstützt wurde das durch Verbesserungen der agrarischen Technik (Pflüge und Eggen aus Eisen). Mehr Nahrung bedeutete auch höhere Geburtenziffern, letztlich einen Bevölkerungsüberschuß, den die damals winzigen Städte und Dörfer kaum noch aufnehmen konnten. Das trieb viele Bauern, Handwerker und Händler zum Verlassen ihrer Heimat und zur Suche nach einer neuen Existenz im dünnbesiedelten Osten.

Ihr Arbeitseifer bei der Rodung und Kultivierung des Bodens, dem Aufbau von Städten und Siedlungen war sprichwörtlich, so daß viele slawische Fürsten in Pommern, Polen, Mecklenburg und Schlesien dazu übergingen, deutsche Siedler ins Land zu rufen. Ungefähr 120 Städte (darunter Stralsund, Stettin, Stargard, Posen und Kolberg) sowie 1200 Dörfer entstanden im Laufe dieser Kolonisation meist „aus wilder Wurzel", also auf unkultiviertem Land. „Das ganze Gebiet, das sich zwischen der Elbe und der Ostsee bis nach Schwerin erstreckt, einst ein mit Schrecknissen erfülltes, fast wüstes Land, ist nun eine zusammenhängende sächsische Kolonie geworden, in der Städte und Burgen gebaut werden und wo immer mehr Kirchen und Priester einziehen", schrieb Helmold von Bosau 1171 in seiner „Slawenchronik".

So wenig die Deutschen als verarmte Bittsteller in ihre neuen Wohnstätten zogen, so wenig kamen sie als Ausbeuter. Sie übertrugen ins Neuland die gesamte heimatliche Wirtschaftskraft, einschließlich Handwerk, Ackerbau und Handel. Ihre Ansiedlung erfolgte zumeist in einheitlich geplanten Großdörfern. Oft taten sich mehrere Familien zusammen, die von einem „locator" geleitet wurden. Letzterer, eine Art Siedlungsunternehmer, der das finanzielle Risiko der Aktion trug, erhielt in der Regel das Erbschulzenamt, das heißt er leitete die Dorfverwaltung und die Ortsgerichtsbarkeit. Jede Familie bekam von ihm eine Hufe Land (etwa 24 Hektar) zugewiesen, die sie kultivieren mußte. Die Siedler blieben mehrere Jahre von Steuern befreit, konnten ihr Land vererben und brauchten keinerlei Frondienste zu leisten. Dies war füre viele Deutsche Anreiz, sich der nicht ungefährlichen und immer beschwerlichen Kolonisation anzuschließen. Das für sie geltende „ius teutonicum" (deutsches Recht) umschrieb eine Sonderstellung freier Menschen in der mittelalterlichen Gesellschaft. „Abgesehen von ihrem Wissen und Können, wurden die Siedler aus dem Raum zwischen Elbe und Rhein auch deshalb im Osten bevorzugt, weil die dortigen Feudalherren alles Deutsche meist tief bewunderten", so Martin Wein in seinen „Schicksalstagen deutscher Geschichte".

Schon ab 1250 begann eine „Tochterkolonisation"; die Nachkommen der ersten Siedler zogen ihrerseits weiter nach Osten und gründeten dort neue Städte wie Breslau oder Marienburg. Bergleute erkundeten Bodenschätze, Architekten brachten die Steinbauweise mit, Mönche kultivierten den Ackerbau, Adlige hofften auf Karriere bei den Streitkäften oder an osteuropäischen Adelshöfen, zu denen oft verwandschaftliche Beziehungen bestanden. Erst im 14. Jahrhundert kam dieses Phänomen zum Stillstand, weil einfach nicht mehr genug Menschen zur Verfügung standen. In Europa wütete die Pest und im deutschen Kernland begann eine stärkere Abwanderung in die prosperierenden Städte gemäß der Devise „Stadtluft macht frei".

Im Gegensatz zur Ostexpansion des 10. Jahrhunderts, als der König sich an die Spitze der Bewegung stellte, lag 200 Jahre später die Hauptverantwortung bei den Landesfürsten. Territorialherren als Träger der Ostpolitik waren anfangs Graf Adolf von Schauenburg, der ab 1110 Holstein eroberte, Konrad von Wettin (Stammvater des sächsischen Königshauses), der seit 1136 in die Lausitz eindrang und Albrecht der Bär von Askanien, der ab 1150 Markgraf von Brandenburg wurde. Im Raum zwischen Elbe und Oder machten sich vor allem die Zisterziensermönche um eine Kultivierung des Landes verdient. Ihre Klöster Doberan (1171), Zinna (1174), Lehnin (1183) und Chorin (1260) waren Zentren des materiellen Fortschritts. Von Lehnin aus rodeten die Mönche in den schwarz-weißen Kutten die Wälder und schufen ringsum Wirtschaftshöfe und Dörfer wie Kagel und Kienbaum. Aus den Kalksteinfelsen von Rüdersdorf bauten sie Kirchen und Wohnhäuser. Ihr erster Abt Siebold wurde noch von den heidnischen Wenden erschlagen, was die gefahrvolle Seite der Ostkolonisation aufzeigt.

Bedeutendster Kolonisator war zweifellos Herzog Heinrich der Löwe von Sachsen und Bayern, Gründer von Lübeck und München. Der Welfe förderte ab 1160 die Eroberung Mecklenburgs und Vorpommerns, wobei er auf heftigen Widerstand des einheimischen Fürsten Niklot stieß, der im Kampf fiel. Heinrich, der die universale Politik der Staufer-Kaiser nicht auf Dauer mittragen und vor allem nicht mitfinanzieren mochte, kümmerte sich vor allem um den Aufbau eines geschlossenen, wirtschaftlich blühenden Territorialstaates. Durch den Zuzug niederdeutscher Kolonisten nahmen Ackerbau, Viehzucht, Handel und Gewerbe in den neuen Ländern des Herzogs einen ungeahnten Aufschwung. Dabei ging Heinrich der Löwe politisch klug vor, indem er ein Bündnis mit Niklots Erben Pribislaw schloß, der zum Christentum übertrat und ein Lehnsmann des Welfen wurde.

Die Besiedelung des Ostens in den Jahrzehnten ab 1200 darf man sich nicht als plötzliche Invasion von vertriebenen Landsuchern vorstellen, sondern eher als ein allmähliches Einsickern von Gruppen. Die meist adeligen „locatoren" waren beileibe keine verzweifelten Habenichtse; sie erinnern eher an wagemutige Unternehmer. Oftmals führten sie regelrechte Werbefeldzüge in Deutschland, um künftige Kolonisten zum Umzug nach Osten zu veranlassen.

Einer von ihnen war Dietrich von Tiefenau aus der Hildesheimer Gegend, der seinen Besitz verkaufte und als Führer einer Kolonistenschar nach Westpreußen zog, wo ihm 1236 der Landmeister des Deutschen Ordens Hermann Balk die Burg Klein-Quedin bei Marienwerder nebst 300 Hufen Landes verlieh.

„Auf! Rasche Franken, zähe Sachsen,
Ihr Schwaben klug, ihr Bayern stark:
Gen Preußenland! Aus Sumpf erwachsen
Soll Deutschland eine neue Mark."

So feierte den Zug nach Osten im 19. Jahrhundert der Schriftsteller und Geschichtsprofessor Felix Dahn. Allerdings war das Ganze weniger Idylle als harte Arbeit. Rodung der Urwälder, Trockenlegung von Sümpfen, Errichtung von Häusern und Burgen forderten ihren Tribut. Meist dauerte es drei Generationen bis die Siedler saniert waren, daher rührte ihr Spruch: „Dem ersten der Tod, dem zweiten die Not, dem dritten das Brot".

Den Endpunkt der deutschen Ostkolonisation setzte der 1198 in Palästina gegründete „Orden des Spitals Sankt Mariens vom Deutschen Hause". Seine Mitglieder waren die Deutschordensritter; ihre immer noch geläufige Bezeichnung „Kreuzritter" ist ziemlich unsinnig, weil auch andere Ritterorden (Johanniter, Templer) ein Kreuz auf ihrer Kleidung führten. 1225 rief sie der polnische Herzog Konrad von Masowien ins Land, um die heidnischen Stämme der Pruzzen zu bekämpfen, mit denen er nicht fertig wurde. Als Preis für diese Waffenhilfe überließ er den Rittern das Kulmer Land in Westpreußen an der oberen Weichsel und darüber hinaus alles Gebiet, was sie von den Pruzzen erobern konnten. Ab 1230 etablierte sich der Orden im späteren Ost-Preußen und im Baltikum. Handwerker und Kaufleute ließen sich im Schutz seiner Burgen nieder, so daß dort allmählich Städte nach deutschem Recht emporwuchsen. 1309 verlegte Hochmeister Siegfried von Feuchtwangen den Hauptsitz des Ordens von Venedig in das neugebaute Schloß zu Marienburg. Erst 1410 nach der Niederlage gegen die vereinigten Polen,

Litauer und Tataren bei Tannenberg ging die kolonisatorische Mission des Ordens verloren.

Daß durch die bäuerliche und städtische Siedlungsbewegung Richtung Osten auch eine Germanisierung einsetzte, ist unbestritten. Slawische Stämme vermischten sich mit den Einwanderern und verschwanden so langsam vom Schauplatz des historischen Geschehens. Daraus eine naturgegebene Feindschaft zwischen deutschen Berufs-Aggressoren und geknechteten Ostvölkern zu machen, hieße geschichtliche Tatsachen zu vergewaltigen. Auch das Schicksal Polens liefert keinen Beweis für die Ostexpansion als „drückende Hypothek" der Deutschen, wie BRD-Politiker gern behaupten. Denn gerade dieses Land war bis ins 20. Jahrhundert weniger durch Expansion aus dem deutschen Westen, als vielmehr durch Aggressionen aus dem russischen Osten in seinem territorialen Bestand bedroht.

3. Kapitel

Die neuen Herren des Abendlandes

Der Weihnachtstag des Jahres 1046 gehört zu den Höhepunkten deutscher Geschichte. Papst Clemens II., ehemals Suidger von Bamberg, krönte in der Petersbasilika Heinrich III. zum Römischen Kaiser. Kurz zuvor hatte es in Rom noch drei einander bekämpfende Päpste gegeben, die sich von ihren jeweiligen Residenzen (Sankt Peter, Lateran und Santa Maria Maggiore) aus gegenseitig mit dem Bannfluch belegten. Dieser der Christenheit zur Schande gereichenden Tatsache hatte der 29jährige Kaiser ein Ende gesetzt und damit auch die gefährlichste Kirchenspaltung des Abendlandes verhindert. Er war mit großer Heeresmacht in das Sündenbabel Rom eingerückt, wo das öffentliche Leben so entscheidend von den Mätressen der Päpste beherrscht wurde, daß man von „Pornokratie" (Hurenherrschaft) sprach.

Auf der Synode zu Sutri ließ Heinrich die drei keifenden Päpste absetzen. An ihre Stelle trat der Deutsche Suidger, den in seiner Keuschheit das römische Treiben so entsetzte, daß Heinrich ihn fast gewaltsam auf den Stuhl Petri nötigen mußte.

Das Kaisertum Ottos des Großen steigerte Heinrich III. zur höchsten Blüte und hielt es unerschütterlich fest. Er war der letzte Kaiser, dessen Autorität alle einheimischen Fürsten uneingeschränkt respektierten. Von großem Weitsinn zeugt seiner Versuch, dem Reich einen politischen Mittelpunkt, eine Art Hauptstadt, zu geben. Er ließ die Stadt Goslar im Harz mit einer großartigen Pfalzburg ausstatten und leitete von hier aus die Geschicke Europas. Seine Wahl war auf Goslar gefallen, weil in der Nähe im Rammelsberg die größten Silbervorkommen des Landes geschürft wurden, was Heinrichs Zahlungsfähigkeit sicherte. Erst nach seinem frühem Tod (er starb 1056 mit 39 Jahren an der Gicht) begann allmählich die Krise des römisch-deutschen Reiches.

Die beherrschende Idee mittelalterlicher Jahrhunderte waren nicht Volkstum oder nationaler Staat, sondern christlicher Universalismus, und dieser fand seine Verkörperung – neben der Papstkirche – im christlich-römischen Kaisertum, das sich in der Tradition Karls des Großen und der antiken Caesaren bewegte. Die Deutschen Könige gewannen den Wettlauf um die Kaiserkrone gegen ihre Rivalen in Frankreich, Italien und Burgund Ende des 10. Jahrhunderts. Ihr Staat war wohl der festgefügteste, aber indem sie die Kaiserwürde erlangten, legten sie auch Ursachen für Spaltungen in Deutschland und für den Verfall der zentralen Herrschergewalt.

Die zentrifugalen Tendenzen der Kaisermacht, die Hinwendung zum Kraftzentrum der Mittelmeerwelt beschworen zugleich die Gefahr, den staatlichen Zusammenhalt des deutschen Volkes zu zerreißen. Italienfeldzüge und orientalische Kreuzfahrten verhinderten die Herausbildung eines kaiserlichen Machtzentrums in Deutschland, einfach weil sie zuviel an Menschen und Material kosteten. Während Frankreichs schrittweise Einigung von der Isle de France mit ihrer Hauptstadt Paris aus betrieben wurde und in England der Herrscher von London zugleich auch der Herrscher des Landes war, fehlte den Deutschen ein solch stetiger Prozeß von innen her. Man sieht vielmehr, daß Einigungsbestrebungen stets von den Rändern des Reiches erfolgten, daß vor allem vom Norden (auf den Rom und Italien weniger Anziehungskraft ausübten) gelegentlich Versuche gemacht wurden, die Zentralgewalt zu stärken. Heinrich der Löwe gab ein, wenn auch von jeglichem Altruismus freies Beispiel dafür.

Aber die seit 1138 regierenden, aus Schwaben stammenden Hohenstaufen führten das mittelalterliche Kaisertum zwar zu hoher Blüte, doch dann geradewegs in den Abgrund. Sie betrachteten sich zunehmend weniger als Deutsche Könige, denn als Römische Kaiser. 1157 taucht in einer Urkunde des allbekannten Friedrich Barbarossa erstmals der Begriff „sacrum imperium" (heiliges Reich) auf. Das war eine offene Kriegserklärung an den Papst, denn wenn ein Reich aus sich heraus heilig war, wozu bedurfte es dann noch einer höchsten kirchlichen Legitimation? Offenbar glaubten sich die Staufer stark genug, nicht das Schicksal Kaiser Heinrichs IV. zu teilen, der seine papstfeindliche Gesinnung im Jahre 1077 durch den berüchtigten Gang nach Canossa sühnen mußte.

Schon zwei Jahre nach Antritt seiner Herrschaft zog Friedrich I. Barbarossa 1154 nach Italien. Das einzige, was er dort erreichte, war seine Kaiserkrönung am 18. Juni 1155. Heinrich der Löwe, mächtiger Herzog von Sachsen und Bayern, begleitete den Staufer und sah mit eigenen Augen, wie sinn- und fruchtlos der Kampf des Kaisers mit den oberitalienischen Stadtrepubliken war. Friedrichs Heere wurden auf fünf Italienzügen regelmäßig von der Malaria und den Langspießen der Mailänder dahingerafft. Höhepunkt der Blamage: Kaiser Rotbart mußte 1168 als Holzknecht verkleidet über die Alpen fliehen.

Heinrich dagegen baute seine Territorialherrschaft aus, förderte großzügig Handel und Gewerbe, ließ neue Städte gründen und

Neuland im Osten erschließen. Als der rotbärtige Kaiser ihn Anfang Februar 1176 in Chiavenna kniefällig um militärische Hilfe für einen erneuten Italienzug bat, lehnte Heinrich ab – hochmütig, wie es seine Art war. Das vergaß ihm Friedrich nie, und bei nächster Gelegenheit verbündete er sich mit den neidvollen Standesgenossen des Löwen und ließ ihn 1180 absetzen und verbannen. Das Ganze erfolgte mit der Allerwelts-Begründung, „weil er die Freiheit der Kirche Gottes und der Edlen des Reiches schwer bedroht" habe.

Vom enteigneten Vermögen seines Rivalen konnte Barbarossa nur sehr wenig profitieren, denn er mußte seine adligen Helfershelfer entlohnen. Das relativ geschlossene Gebiet Heinrichs wurde unter die Gefolgsleute des Kaisers verteilt. So verschwanden in der zweiten Hälfte des 12. Jahrhunderts die letzten noch existierenden großen Stammesherzogtümer.

Die territoriale Zersplitterung Deutschlands war nicht mehr aufzuhalten. Schon 1156 erhielt der Babenberger Heinrich

Jasomirgott die Markgrafschaft Österreich, welche zum Herzogtum erhoben und aus dem bayerischen Stammesverband herausgelöst wurde. Nach dem Sturz Heinrichs des Löwen verminderte Kaiser Friedrich I. das Herzogtum Bayern um die Steiermark und Kärnten. Die Zerstückelung des Südens war zwar nicht so erheblich wie jene des Nordens, aber indem die Staufer aus dem ehemaligen Stammesherzogtum Bayern vier selbständige Gebiete (Bayern, Österreich, Kärnten und Steiermark) formierten, legten sie den Grundstein für das Entstehen zweier oft gegensätzlicher politischer Kernräume, als deren Zentren sich im 15. Jahrhundert München und Wien herausbildeten. Im Norden entstand aus Heinrich des Löwen stolzem Reich ein territorialer Flickenteppich bestehend aus Braunschweig, Mecklenburg, Pommern, Anhalt, Jülich, Cleve, Berg und Holstein.

Was Barbarossa indes nicht erreichte, war sein Ziel, die Reichsgewalt in Ober- und Mittelitalien wieder aufzurichten. Sein letzter Kriegszug dorthin bescherte ihm eine verheerende Niederlage, und der auf seine alten Tage fromm gewordene Monarch, beschloß, lieber einen Kreuzzug in den Orient zu unternehmen, weit, weit weg von Deutschland. In einem türkischen Gebirgsfluß ereilte ihn 1190 der Tod und seine Erben trieben es nicht viel besser. Friedrichs Sohn, der dicht am Wahnsinn agierende Kaiser Heinrich VI., der sich selbst als „Caesar" und „Hammer der Erde" titulierte, starb schon 1197 im süditalienischen Messina. Rotbarts Enkel Friedrich II. blieb es vorbehalten, des Reiches Macht und Herrlichkeit zur Posse zu entwürdigen.

Daß Friedrich II. („ein Gegenstand des Staunens und Schreckens der Welt") seine Residenz an die äußerste Peripherie, in die sizilianische Stadt Palermo, verlegte, war ein Vorgang von symbolischer Tragweite. Dem Staufer, aufgewachsen in einer arabisch-jüdisch-byzantinisch-normannischen Mischkultur, der sich als eine Art levantinischer Kosmopolit profilierte, konnte Deutschland nicht viel bedeuten. Die Geschehnisse zwischen Ostsee und Alpen waren ihm fremd geworden. Den Schutz des Reiches überließ er bequemerweise den Landesfürsten.

Als 1227 König Waldemar II. von Dänemark in Norddeutschland einfiel, wurde er durch ein Heer des Grafen Adolf von Holstein sowie der Städte Hamburg und Lübeck am 22. Juli bei Bornhöved schwer geschlagen. Damit waren alle dänischen Großmachtpläne im Ostseeraum zerschlagen – der Kaiser nahm's zur Kenntnis und begab sich mit 70 000 Mann auf einen völlig überflüssigen Kreuzzug nach Jerusalem. Selbst der verheerende Mongoleneinfall von 1241 konnte den Staufer nicht von seinen Machtkämpfen in Südeuropa ablenken. Dabei war die Gefahr enorm. „Es kam ein wildes Volk aus Asien hereingebrochen, genannt die Mongolen, so greulich anzuschauen wie einst die Hunnen, aber noch greulicher als diese an Unmenschlichkeit", so ein Chronist. „Zahllos lagen sie über Rußland, Ungarn und Polen ausgebreitet, und die ganze Gesittung des Abendlandes schien ihnen bereits verfallen zu sein."

Den Reiterhorden aus der Steppe stellte sich am 9. April 1241 bei Liegnitz ein Heer schlesische Adliger und Fußknechte unter Führung von Herzog Heinrich dem Bärtigen entgegen, das um den Preis der eigenen fast vollständigen Vernichtung den Feind zum Rückzug veranlaßte. Friedrich II., ein leidenschaftlicher Falkner, wußte nichts Besseres zu tun, als dem Mongolen-General einen albernen Brief hinterherzusenden: Er könne sich nun leider nicht mehr unterwerfen. Aber wenn der Großkhan einmal einen erfahrenen Falkenjäger benötige, dann stehe er ihm gerne mit seinem Rat zur Verfügung. So witzig war die Majestät!

Von den deutschen Fürsten mußte Friedrich II. seine Ruhe regelrecht erkaufen. 1232 stellte er ihnen in Cividale das „Statutum in favorem principum" aus, was ihnen unter anderem Münz-, Zoll- und Bergbaurechte einräumte. Obwohl das eigentlich nur die juristische Fixierung eines längst bestehenden Zustandes war, förderte es den Ausbau der fürstlichen Landesherrschaft und damit letztlich die weitere Spaltung des Reiches in divergierende Interessengruppen.

Gleichzeitig begann das Gemeinwesen sich nach außen abzuschotten. „Eine Nation, die von starken Nachbarn umgeben ist, hat die Wahl zwischen Angleichung und Abgrenzung. Seit dem Mittelalter sahen sich die Deutschen in dieser Spannung, wobei sie der Abgrenzung meist den Vorzug gaben", so der Literaturwissenschaftler Hans-Dieter Gelfert in seinem neuesten Buch „Was ist deutsch?"

Es ist nicht Aufgabe des Historikers, Lob und Tadel zu verteilen. Doch wenn man nach den Ursachen späterer deutscher Zerwürfnisse sucht, findet man sie zuerst in den imperialen Ambitionen der Staufer-Kaiser, die sich im Kampf mit dem Papsttum und italienischen Städtebünden verschlissen. Ihre Politik trug nicht dazu bei, feudale Zersplitterungen zu überwinden, sondern verschuldete im Gegenteil eine Zementierung dieser Mißstände. Während im Deutschland des 12./13. Jahrhunderts die Zentralgewalt bei der Lösung ihrer historischen Aufgabe versagte, entstanden in Frankreich und England auf dem Fundament einer raschen und nachhaltigen Entwicklung von

Städten, Handel und Handwerk relativ stabile Erbmonarchien. Vor allem Frankreichs Kapetinger-Königen gelang es im Bündnis mit dem Städtebürgertum, etliche unbotmäßige Vasallen niederzuringen und eine effektive Zentralverwaltung aufzubauen.

Das war in etwa auch jene – man könnte sagen deutsch-nationale – Politik, die Heinrich dem Löwen vorschwebte, der jedoch im Konflikt mit den Vertretern des letztlich utopischen Universalgedankens unterlag. Damit war Deutschland der Weg zurück zum Einheitsstaat Karls des Großen versperrt. Darüber können auch beeindruckende Kulturleistungen gerade der Stauferzeit nicht hinwegtrösten,

1254, vier Jahre nachdem Friedrich II. in Süditalien gestorben und alle seine Nachkommen ermordet waren, brach über Deutschland das „Interregnum" herein, die kaiserlose, die schreckliche Zeit. Schrecklich deshalb, weil ein mittelalterlicher Staat regelmäßig in Anarchie zu versinken drohte, wenn ihm ein gekröntes Oberhaupt fehlte, das rivalisierende Adelsfraktionen eingermaßen zähmen und kontrollieren konnte. Erst 1273 wurde von den Fürsten wieder ein König gewählt – Rudolf von Habsburg. Mit ihm beginnt eine neue Seite im Buch deutscher Geschichte, der Weg vom staufischen „sacrum imperium" zum reinen Hausmachtkönigtum. Mit des Reiches Herrlichkeit war es allerdings vorbei.

4. Kapitel

Freie Wahlen – aber nur für sieben Männer

Sechs von sieben deutschen Kurfürsten wählten in Frankfurt/Main am 1. Oktober 1273 einen neuen König. Daß ihre Wahl auf Graf Rudolf von Habsburg fiel, besaß zwei einleuchtende Gründe. Zum einen war der Mann mit 55 Jahren für damalige Verhältnisse schon recht alt und ließ deshalb ehrgeizigere Thronbewerber auf baldige nötige Neuwahl hoffen. Zum anderen besaß Rudolf nicht viel mehr als eine kleine Grafschaft im schweizerischen Aargau und einige elsässische Burgen, so daß er mit eher unbedeutendem Territorialeigentum kein allzu gefährlicher Rivale der großen Landesherren zu werden drohte. Dieser leutselige, hagere Graf mit der Adlernase sollte eigentlich nur eine Übergangslösung sein – statt dessen wurde er Stammvater der mächtigen Habsburger-Dynastie, die

300 Jahre später ein Reich beherrschte, in dem die Sonne nie unterging.

Eines war Rudolf, dessen Staatsklugheit viele unterschätzten, klar: Obwohl er die Staufer bewunderte, war deren Politik nicht zu halten. Wenn sein Königstitel überhaupt etwas wert sein sollte, mußte er sich eine möglichst machtvolle Position **innerhalb** des Territorialsystems suchen. Das Deutsche Reich war ja nach den Zersplitterungen des 13. Jahrhunderts kein einheitliches Staatsgebilde mehr. Nicht das Reich, sondern die großen Landesterritorien wurden allmählich zu Staaten im modernen Sinne. Kein Kaiser konnte mehr Gebilde wie Baden, Brandenburg oder Württemberg einfach von der Landkarte streichen oder umverteilen. Wohl aber konnte er sich neben diesen eine starke Hausmacht, also ein möglichst umfangreiches eigenes Herrschaftsgebiet schaffen und weitervererben, egal, ob die Kaiserkrone daran hing oder nicht. Rudolf wollte seinen Nachfolgern weniger glanzvolle Titel, als vielmehr eigenständige Macht geben; Habsburgerland sollte nicht so sang- und klanglos zugrunde gehen wie einst das Stauferimperium.

Der neue König schuf rasch klare Verhältnisse. Als sich Ottokar II., Herzog von Österreich, beständig weigerte, den neugewählten Monarchen anzuerkennen, wurde er geächtet und verlor 1278 auf dem Marchfeld nördlich von Wien Schlacht und Leben. Rudolf verlieh daraufhin seinen beiden Söhnen aus Ottokars Erbmasse die Steiermark, Österreich sowie Krain (ein Teil des heutigen Kroatien) und erwarb so für seine Dynastie eine ansehnliche Hausmacht. Die Begriffe Habsburg und Österreich waren für die nächsten sechs Jahrhunderte identisch. Daß die Kurfürsten es Rudolf gestatteten, seinen Besitzstand derartig zu erweitern, hing mit Zugeständnissen zusammen, die ihnen der König machen mußte. So sicherte er beispielsweise 1289 König Wenzel von Böhmen die erbliche Kurwürde zu.

Nach dem Tod Rudolfs am 15. Juli 1291 ließen sich die Kurfürsten zehn Monate Zeit, ehe sie einen neuen König wählten. Ein Habsburger sollte es auf keinen Fall wieder werden, denn diese Familie schien schon zu mächtig. Also wanderte die Krone während der folgenden 150 Jahre von einem Fürstenhaus zum anderen. Unter den Herrschern finden sich Romantiker wie der Luxemburger Heinrich VII., Haudegen wie Ludwig der Bayer, Gelehrte wie Karl IV., Trottel wie Wenzel von Böhmen oder schlichte Nullen wie Adolf von Nassau oder Ruprecht von der Pfalz. Ab 1438 blieb die Kaiserwürde dann für sehr lange Zeit dem Hause Habsburg, was freilich riesige Bestechungssummen an die Kurfürsten kostete, so daß der Kaiser zu Wien fast immer dicht vor dem finanziellen Bankrott stand.

Das 14. Jahrhundert erlebte einen ersten Höhepunkt des Ausbaus fürstlicher Landesherrschaft. Obwohl Kaisertum und Reich nach wie vor feste Größen im Bewußtsein der Deutschen waren und den zentralen politischen Bezugsrahmen darstellten, spielten sich die entscheidenden gesellschaftlichen Entwicklungen in den einzelnen Territorien ab. Die Wittelsbacher in Bayern, die Wettiner in Sachsen, die Zähringer in Baden, die Askanier in Braunschweig und die Grafen von Württemberg etablierten sich als Erbdynastien ihrer Länder. Natürlich gab es innerhalb dieser Gebiete immer wieder territoriale Verschiebungen, Erbteilungen und so fort, doch selbst der Kaiser konnte diesen Landesherren ihren Besitz nicht mehr ernsthaft streitig machen.

Die Vornehmsten unter ihnen nahmen das Privileg für sich Anspruch, den König/Kaiser zu wählen oder zu küren, wie man damals sagte. Die Institution des deutschen Kurfürstenkollegiums war einzigartig in Europa. Dabei griff man auf die germanische Tradition der Königswahl zurück. In den ersten Jahrhunderten des Mittelalters wurde diese Wahl von den gesamten geistlichen und weltlichen Reichsfürsten vollzogen; unter ihnen hatte nur der Erzbischof von Mainz, gewissermaßen als Wahlleiter, ein Vorrecht. Im „Sachsenspiegel", einem Gesetzeskodex von 1224, werden erstmals jene Reichsfürsten genannt, die ein Privileg bei der Königskur besitzen. Seit 1273 wurde diese Wahl ausschließlich von sieben Kurfürsten (drei geistlichen und vier weltlichen) vorgenommen:

- der Erzbischof von Mainz als Erzkanzler des Reiches,
- der Erzbischof von Köln als Erzkanzler für Italien,
- der Erzbischof von Trier als Erzkanzler für die linksrheinischen Gebiete,
- der Herzog von Sachsen als Erzmarschall,
- der Markgraf von Brandenburg als Erzkämmerer,
- der König von Böhmen als Erzschenk und
- der Pfalzgraf bei Rhein als Erztruchseß.

In ihre Entscheidungen ließen die Kurfürsten sich vom Papst immer weniger hineinreden. Nach der Wahl des Wittelsbachers Ludwig IV. schrieben sie 1318 selbstbewußt an Papst Johannes XXII., der nachträglich Widerspruch eingelegt hatte: „Ludwig ist durch die Wahl der Kurfürsten rechtmäßiger Römischer König. Das Urteil des Papstes ist ungerecht und nichtig, weil ein durch die Mehrheit der Stimmen erwählter König seine Gewalt unmittelbar von Gott hat, zur rechtmäßigen Ausübung derselben einer Bestätigung des Papstes nicht bedarf, sondern durch die Wahl der Kurfürsten von Recht und Gewohnheit wegen den Titel eines Königs und Kaisers und die Reichsregierung erlangt." Der Papst war entsetzt: „Recht und Gewohnheit" über seinen apostolischen Segen zu stellen, das war unerhört, oder anders formuliert „auf gut deutsch gesagt".

Auf dem Reichstag zu Nürnberg erließ Kaiser Karl IV. am 10. Januar 1356 ein Gesetz, welches die Königswahl sowie die Rechte der Kurfürsten erstmals schriftlich und verbindlich regelte. Das nach seiner Siegelkapsel „Goldene Bulle" genannte Dokument enthielt neben einigen formellen Bestimmungen (Wahlort Frankfurt/Main, Mehrheitsprinzip, Zahl von sieben Kurfürsten, Ablauf der Stimmabgabe, Zeitlimit von 30 Tagen bis zur Entscheidung) gewichtige politische Festlegungen. Die Kurfürsten erhielten unbeschränkte Gerichtsgewalt in ihren Territorien, welche für unteilbar erklärt wurden. Königliche Hoheits- und Nutzungsrechte (Regalien) wie das Bergbau-, Münz-, Salz- und Zollregal fielen an die Kurfürsten. Jede Art freier Vereinigungen, wie etwa Ritterbruderschaften oder

Städtebünde, waren hinfort verboten. All das stellte zwar keine wesentliche Änderung bisher geübter Rechtspraktiken dar, aber mit der „Goldenen Bulle" wurde ein in Jahrhunderten gewachsenes Recht einheitlich zusammengefaßt.

Obwohl das Gesetz Karls IV. nominell bis 1806 Gültigkeit besaß, hielt man sich nicht immer daran. Insbesondere das Verbot von Bündnissen war nur schwer durchzusetzen. Die Fürsten wollten dadurch Ihre Macht auf zwei von ihnen noch unabhängige Gewalten, Stadtbürgertum und freie Ritterschaft, ausdehnen. Doch namentlich die großen Städte setzten den Landesherren erbitterten Widerstand entgegen. Augenfälliges, in Balladen gefeiertes Beispiel dafür ist Graf Eberhard der Greiner von Württemberg, der sich mehr als 30 Jahre mit dem Schwäbischen Städtebund (u. a. Augsburg, Ulm, Heilbronn, Regensburg, Konstanz, Reutlingen) sowie den aufsässigen Rittern der „Schlegelbruderschaft" auseinandersetzen mußte. Dabei konnte sich dieser knorrige Graf, im Volksmund „Rauschebart" genannt, der Unterstützung seiner einfachen Bauern gewiß sein, die von den Rittern oft nach Strich und Faden kujoniert wurden. Doch 1377 erlitten Eberhards Männer eine schwere Schlappe vor den Toren der Reichsstadt Reutlingen. Erst 1388 gelang es dem alten Herrn, seine Gegner in der Schlacht bei Döffingen zu besiegen.

Die aus dem fränkischen Nürnberg stammenden Hohenzollern, seit 1415 mit kaiserlicher Protektion Kurfürsten von Brandenburg, trieben es weit weniger gewaltsam. Friedrich I. verbündete sich mit den märkischen Städten gegen die berüchtigten Raubritter, und seinem Sohn Friedrich dem Eisernen genügten politisch-moralische Druckmittel, um den Widerstand Berlins (den „Berliner Unwillen") gegen seine Herrschaft zu brechen. Die Hohenzollern bekamen von allen deutschen Fürsten wohl am wenigsten Ärger mit ihren Untertanen, weil sie als ursprünglich Landfremde besonders behutsam auftraten und auch, weil es bei den armen Märkern nicht viel auszubeuten gab. Manchen Fehler ihrer Nachbarn vermieden sie, beispielsweise dauernde Erbteilungen, die das Territorium des Landes pulverisierten. Sie hielten es besser als die Wettiner in Sachsen mit ihrem Leipziger Vertrag von 1485. Damals teilten die Söhne Kurfürst Friedrich des Sanftmütigen, Ernst und Albrecht der Beherzte, ihre Stammlande. Dadurch wurden Sachsen und Thüringen für immer getrennt, wobei die Linien der Ernestiner und Albertiner einander oft genug feindselig gegenübertraten.

In Brandenburg verhinderte 1473 das „Achilleische Hausgesetz" (benannt nach Kurfürst Albrecht Achilles) solche negativen Entwicklungen. Es legte fest, daß das Land ungeteilt und nach dem Recht der Erstgeburt vererbt werden mußte. Auch wenn sich nicht alle Nachfolger hundertprozentig daran hielten, verfügte das spätere Brandenburg-Preußen doch über eine solide Grundlage zur Wahrung seiner gebietsmäßigen Einheit. Daß ausgerechnet die Hohenzollern 400 Jahre nach Albrechts Verfügung an der Spitze eines geeinten Deutschlands standen, besitzt unter diesem Blickwinkel eine gewisse historische

Folgerichtigkeit. Sie ließen die Habsburger Kaiser sein und vergrößerten indessen ihr bescheidenes Land mit bemerkenswert friedlichen Mitteln.

Am Ausgang des Mittelalters besaß das Deutsche Reich eine relativ starre territoriale Struktur, deren hervorstechendstes Merkmal die Zersplitterung in große Landesfürstentümer und vergleichsweise winzige Städte und geistliche Gebiete war. Noch repräsentierte der Hansebund eine überregionale Macht, die den Ostseeraum zu einer Wirtschaftseinheit zusammenschweißte. Doch der Niedergang vieler deutscher Städte begann mit der Entdeckung Amerikas 1492. Seit dieser Zeit führten die großen Handelsströme nicht mehr durch Mitteleuropa, sondern über den Atlantik, wo England, Portugal und Spanien sich das Revier teilten.

Die technisch-wissenschaftlichen Voraussetzungen dafür waren kurioserweise in Deutschland selbst geschaffen worden. Nikolaus Kopernikus leitete eine astronomische Zeitenwende mit seiner heliozentrischen Himmelsmechanik ein, der Nürnberger Martin Behaim konstruierte den ersten Globus, sein Landsmann Peter Henlein die erste Taschenuhr, Johannes Gutenberg erfand die Buchdruckerkunst. In dieser Zeit um 1500 bereitete das Schicksal alles vor, um neue Kontinente zu entdecken. Doch wie schreibt Joachim Fernau in seiner deutschen Geschichte so schön: Das Schicksal „verteilte die Rollen dann reichlich komisch: Die Deutschen machten in ihren Kämmerchen die weltbewegenden Erfindungen, die Bewegung der Welt übernahmen dann andere ... Spanier, Portugiesen und Italiener sagten danke schön und begannen die Welt zu erobern. Kolumbus gondelte nach Nordamerika, Cortez nach Mexiko, Pizarro nach Südamerika, sie standen aufrecht, kühn und gottesfürchtig am Bug ihrer Segelschiffe, Helden der Neuzeit, während sich die deutschen Bürger schlafen legten."

Bewegung in dieses Gefüge brachte erst wieder die Reformation, die wohl nachhaltigste Umwälzung des Abendlandes.

5. Kapitel

Eine deutsche Idee spaltet Europa

Der 18. April 1521 soll, wenn man den Chronisten glauben darf, ein schöner sonniger Tag gewesen sein. Der Reichstag ist in Worms versammelt. Kaiser Karl V. – ein 21jähriges spanisches Knäblein, das kaum ein Wort deutsch versteht – präsidiert der erlauchten Versammlung von Kurfürsten, Erzbischöfen und Rechtsgelehrten. Nun stößt der Reichsherold mit seinem Stab auf den Boden und verkündet, daß Doktor Martin Luther, Augustinermönch und Professor an der Wittenberger Universität, vorgeführt werde. Zunächst ein wenig betreten und verwirrt, tritt ein kaum mittelgroßer, magerer Kleriker in schwarzer Kutte mit einem Strick um den Leib und großen Sandalen vor das Auditorium. Ein befremdlicher Anblick inmitten von so viel Samt, Seide, Goldketten und Federbaretten. Die Räte und Bischöfe kommen schnell zum Gegenstand der Verhandlung. Sie fordern Luther auf, seine ketzerischen Schriften zu widerrufen, die Angriffe gegen das Papsttum zu bereuen und sich der kirchlichen Autorität zu unterwerfen. Widrigenfalls, so der päpstliche Gesandte, würde das Ganze auf dem Scheiterhaufen enden.

Doch Luther läßt sich nicht schrecken. Schon hat seine Lehre die Massen ergriffen. In einer Zeit, da man seit zwei Menschenaltern die Kunst des Buchdrucks kennt, ist ihr Siegeszug nicht mehr aufzuhalten. Die bedeutendsten Humanisten diskutieren Luthers Thesen, Universitäten geben Gutachten ab, Disputationen finden statt, zahllose Prediger ziehen durchs Land, um die Botschaft von evangelischer Gewissensfreiheit und Reform der Glaubenslehre zu verbreiten. Die Welt des Spätmittelalters erfährt eine Erschütterung, deren Auswirkungen die Entwicklung auf dem Kontinent über Jahrhunderte beeinflussen sollte.

Zunächst hatte Luther nur zeittypische Verirrungen des religiösen Gefühls abgestoßen, wie der Ablaß- und Reliquienhandel.

Es mußte doch jeden frommen Menschen empören, wenn ein Mönch wie der berüchtigte Johann Tetzel behauptete: „Und selbst wenn einer die Heilige Jungfrau Maria geschändet hätte, so habe ich doch genug Sündenablaß für ihn in meiner Truhe." Freilich waren die berühmten Wittenberger Thesen über den Ablaßhandel von 1517 nur ein Anfang. Wichtiger noch: Luther sprach deutsch statt Latein, schrieb deutsch, übersetzte die Bibel in seine Muttersprache. Es entstand eine neue Verkehrssprache, die es an Ausdrucksfähigkeit jederzeit mit dem Latein der gebildeten Schichten aufnehmen konnte.

Seine Überzeugungen publizierte Luther bis 1521 in drei über den gesamten deutschen Sprachraum verbreiteten Reformschriften: „Von der Freiheit eines Christenmenschen", „Von der babylonischen Gefangenschaft der Kirche" und „An den christlichen Adel deutscher Nation". Darin verwarf er den Unfehlbarkeitsanspruch der katholischen Kirche und entwarf eine neue, individuelle Glaubenslehre. Die Kirche bedarf demnach keines geistlichen Oberhauptes, da sie von Gott allein regiert wird. Zugleich rief Luther zum Kampf gegen Lasterhaftigkeit und Geldgier des römischen Klerus auf und forderte die Verstaatlichung seines Eigentums, die Aufhebung der Klöster und Mönchsorden sowie die Reformierung und Verweltlichung des Bildungswesens.

Solche Ideen trafen im Reich auf breite Zustimmung. Denn stärker noch als unter der territorialen Zersplitterung, beschwerlichen Frondiensten und Leibeigenschaft litt das deutsche Volk eingangs des 16. Jahrhunderts unter der unersättlichen Geldgier und geistigen Bevormundung durch die römisch-katholische Kirche. Raffend und pfründeschluckend hatte sich die vom Papst repräsentierte Geistlichkeit zu einer regelrechten Landplage entwickelt. Die enge Verfilzung von geistlichem und weltlichem Anspruch der Kurie war zu einem Ärgernis geworden. Eine betont romfeindliche Stimmung breitete sich quer durch alle Stände und Schichten in Deutschland aus.

Parallel dazu keimte im Land mit der von Italien ausgehenden Renaissance und dem

Wirken der von ihr angeregten deutschen Humanisten wie Ulrich von Hutten oder Erasmus von Rotterdam ein kulturelles Nationalbewußtsein auf. Die Reformation entstand als nationale Bewegung, die ihren Zusammenhalt aus der allgemeinen antirömischen Tendenz im Lande schöpfte. Dies war freilich auch „das größte Abenteuer, das die Deutschen je unternommen haben", wie der Franzose Bernard Nuss schreibt. Denn Luther und seinen Anhängern drohten nicht nur blutige Sanktionen seitens der Kirche und der sie stützenden Staatsmacht, es drohte ihnen auch der Verlust ihrer ewigen Seligkeit. Was heute eher gering wiegt, war damals entscheidend. Wenn Menschen, die im Glauben an die alleinseligmachende Kraft der Kirche erzogen sind, sich von ihr abwenden, um auf anderen Wegen das Seelenheil zu erlangen, dann folgte darauf die Höllenstrafe. Und diese Hölle stellte für die Individuen des beginnenden 16. Jahrhunderts noch ein höchst reales Phänomen dar, das ihnen bildhaft als Ort unerträglicher Qualen präsent war.

Natürlich standen auch Fraktionsinteressen bei der Reformation im Vordergrund. Viele Fürsten erhofften sich die Vermehrung ihres Reichtums und ihrer Macht durch die Enteignung des Kirchenbesitzes. Der alte Ritteradel strebte nach der Restauration mittelalterlicher Zustände und einem geeinten Reich ohne ausländische Einmischung. Das Bürgertum wollte sich aus der Vormundschaft der Kirche befreien und die armen Bauern sahen in Luthers Lehre den Aufruf zum Kampf gegen kirchlich-feudale Unterdrückung. Diese verschiedenen Gruppierungen, anfangs noch im „Los von Rom"-Ruf vereint, sollten allerdings in der Folgezeit bald gegeneinander antreten. Die Reformation entwickelte eine Eigendynamik, die von Luther nicht mehr mitgetragen wurde. Sein Reformziel war die geistige Befreiung; die weltlichen Herrschaftsgrundlagen stellte er nicht in Frage. In den Fürsten sah er vielmehr sein Vollzugsorgan.

Bald nach der Wittenberger Initialzündung drohte die Reformation aus dem Ruder zu laufen. 1522 erhoben sich Ritter und Kleinadel gegen die Landesfürsten. In den folgenden Kämpfen kam es manchmal zu Bündnissen zwischen Ritterschaft und Bauern, dafür stehen Namen wie Florian Geyer und Götz von Berlichingen, Letzterer durch Goethes frei erfundenes Zitat weltberühmt geworden. Mit dem Zug Franz von Sickingens gegen Trier 1522 erreichte die Rebellion der Ritterschaft ihren Höhepunkt. Sickingen wurde geschlagen und fand ein Jahr später in seiner von Fürstenheeren belagerten Burg den Tod. Im selben Jahr starb auch Ulrich von Hutten, die geistige Führungsperson der Reichsritter.

Nach der Niederlage des Kleinadels kam es 1524/25 zum Bauernkrieg. Es war keine deutschlandweite Bewegung, denn den Bauern ging es nicht überall gleich schlecht. Die Hochburgen des Aufstandes lagen in Schwaben und Franken, wo man als zentrale Forderung die Aufhebung der Leibeigenschaft durchsetzen wollte. Das Gebiet von Thüringen wäre wohl verschont geblieben, denn hier gab es kaum Leibeigenschaft und auch die Abgabenlast an die Feudalherren war vergleichsweise gering. Aber ausgerechnet in Thüringen ergriff mit Thomas Müntzer ein Prediger das Wort, der vielen Menschen den Himmel schon auf Erden versprach.

Müntzer, von der DDR-Geschichtsschreibung zum Säulenheiligen verklärt, war einer jener Dogmatiker, die man regelmäßig in Revolutionen nach Blut und Mord schreien hört, und die ebenso regelmäßig von diesen Revolutionen gefressen werden, ob sie nun Robespierre oder Trotzki heißen. Müntzer stachelte die Bauern, die jahrhundertelang zur Demut erzogen und eher friedlich gesonnen waren, in Brandreden wie der „Allstedter Fürstenpredigt" zum bewaffneten Kampf gegen die „gottlose Obrigkeit". Es hieß dort: „Schlagt dran, dran, dran, es ist Zeit, die Bösewichter sind verzagt wie die Hunde!" Doch dieser Aufruf war ein selbstmörderisches Unternehmen. Unzureichend bewaffnet, ohne militärische Disziplin unterlagen zuerst die Bauernhaufen in Süddeutschland den Landsknechtsheeren der Fürsten. Mit der totalen Niederlage des von Müntzer befehligten gut 6000 Mann starken thüringischen Bauernaufgebotes im Mai 1525 bei Frankenhausen war das Schicksal der Erhebung besiegelt.

Es gibt keinen Zweifel daran, daß Luthers Reformation die geistige Freiheit in Deutschland beflügelt hatte und wie ein reinigendes Gewitter herniedergefahren war. Aber sie hatte auch eine tiefe Spaltung bewirkt. Denn die allumfassende, alleinseligmachende katholische Kirche war letztlich die einzige Gemeinsamkeit sämtlicher deutschen Länder, Staaten und Städte, welche sich allmählich als Nation begriffen. Dieses letzte Bindeglied war nun zerrissen und es verwundert nicht, wenn bald Gegenkräfte auf den Plan traten, um es wieder zusammenzuschmieden.

In Gestalt Karls V., dem Erben der spanischen und der Kaiserkrone, war in Deutschland noch einmal die Möglichkeit erwachsen, der Zersplitterung des Reiches Einhalt zu gebieten. Die hereinbrechende Reformation lief den imperialen Plänen des Karls diametral zuwider. Die aus ihr hervorgehende protestantische Fürstenopposition, deren tatsächlicher Beweggrund im Autonomieanspruch der Territorialherrscher bestand, mußte deshalb vom traditionell katholisch gebundenen Kaiserhaus zwangsläufig bekämpft werden. Der innenpolitisch durchaus mögliche Sieg der Zentralgewalt (aus den neuentdeckten spanischen Kolonien in Amerika zog man die finanziellen Mittel dafür) wurde jedoch durch eine bedrohliche außenpolitische Konstellation verhindert. Aufgrund der Konfrontation mit Frankreich in Oberitalien und vor allem der osmanischen Gefahr – 1529 belagerten die Türken Karls Hauptstadt Wien! – war der Kaiser immer wieder auf den militärischen Beistand der deutschen Territorialfürsten angewiesen. Zwischen diesen Fronten wurden seine Einheitspläne zerrieben.

War man sich im Kampf gegen Reichsritterschaft und Bauern noch einig, zerfiel der Fürstenbund bald darauf. In den folgenden Auseinandersetzungen versuchte das konservativ-katholische Lager unter Karl V., den Einfluß des Luthertums zurückzudrängen. Auf dem Reichstag zu Speyer 1526 brachen die Gegensätze zwischen beiden Lagern wieder auf. Die durch Aufhebung von Klöstern und Einziehung von Kirchengut auch finanziell erstarkten lutheranischen Länder unter Führung Kursachsens und Hessens protestierten auf dem Reichstag gegen das kaiserliche Begehren nach politischer Ächtung Martin Luthers. Aus diesem Vorgang leitet sich der geläufige Terminus „Protestanten" ab. Offenbar war ihr Siegeszug nicht mehr aufzuhalten. Mecklenburg, Brandenburg, Anhalt-Dessau führten die Reformation ein. 1542 wurde im Bistum Naumburg-Zeitz Nikolaus von Amsdorff als erster evangelischer Bischof eingesetzt.

Zeitgleich damit breitete sich die Reformation auch in Europa aus. Neben Siebenbürgen (Ungarn/Rumänien) und der Schweiz erfaßte sie vorrangig Nordeuropa von den Niederlanden bis nach Schweden. Sie zerstörte die universelle Stellung der römischen Papstkirche und der von ihr getragenen religiösen Einheit in weiten Teilen des Kontinents und leitete allerorten den bürgerlichen Kampf gegen den Feudalismus ein.

Die katholische Seite, durch das 1545 begonnene Konzil von Trient innerlich und äußerlich gefestigt, holte zum Gegenschlag aus. Protagonist dieser Gegenreformation war das habsburgische Kaiserhaus. Eine wichtige Rolle im katholischen Revancheplan spielte das Wirken des 1534 gegründeten Jesuitenordens. 1548 erlagen die deutschen Protestanten im Schmalkaldischen Krieg zunächst ihren Gegnern. Vier Jahre später kam es zur Fürstenrebellion gegen Karl V. unter Führung Sachsens, Hessens und Brandenburgs. 1555 wurde in Augsburg endlich Religionsfrieden geschlossen. Jeder Landesherr im Deutschen Reich hatte fortan das Recht, die Religion seiner Untertanen zu bestimmen. Damit waren die letzten kirchlich-religiösen Gemeinsamkeiten des Reiches aufgehoben und die territoriale Zersplitterung besiegelt.

Die Spaltung Deutschlands in katholische und protestantische Fürstentümer fand ihre Entsprechung in der Spaltung Europas in katholische und protestantische Staaten. Während diese aber als einheitliche Staatsgebilde weiterexistierten, war Deutschland endgültig in sich zerrissen. Doch zunächst schien die größte Gefahr gebannt. Erst nach einer 63jährigen Friedensperiode, der bis heute längsten in unserer Geschichte, folgte eine Katastrophe von wahrhaft apokalyptischen Ausmaßen.

6. Kapitel

Geburtsstunde des armen Michel

Im Rathaus zu Münster in Westfalen unterschrieben am 24. Oktober 1648 nach mehrjährigen Verhandlungen die Gesandten der katholischen deutschen Reichsstände und Frankreichs einen Friedensvertrag. Gleiches geschah in Osnabrück mit den protestantischen Ständen und den Schweden. Dieser Westfälische Frieden legte Zeugnis ab, daß der 30jährige Krieg infolge allgemeiner Erschöpfung sämtlicher Parteien gestorben war. Wo es in Deutschland noch Kirchenglocken gab, läuteten sie über verbrannten Städten und verwüsteten Fluren. Das längste Völkermorden in der Geschichte Europas war zu Ende. Und nur die allgelehrtesten Professoren sahen sich 1648 in der Lage zu erklären, wie und warum alles drei Jahrzehnte zuvor begonnen hatte, weshalb das ehemals so wohlhabende Deutsche Reich zur gestaltlosen Trümmerwüste geronnen war.

Als an einem milden Maivormittag des Jahres 1618 zwei kaiserliche Beamte aus den Fenstern des Prager Hradschin stürzten, herausgeworfen „nach altböhmischer Sitte" von einer zorn- und weintrunkenen Rotte evangelischer Adliger, begann das blutige Drama. Die herabgefallenen Räte landeten zwar weitgehend unversehrt auf einem Misthaufen, aber die provokatorische Tat der böhmischen Standesherren zog ihre Kreise. Der Prager Fenstersturz wurde zum Funken, welcher angehäuften politischen Sprengstoff explodieren ließ. Und mitten auf dem Pulverfaß saßen die Deutschen.

Europa war durch die Reformation mittlerweile in zwei Lager gespalten: die spanisch-habsburgisch-katholische und die niederländisch-schwedisch-evangelische Partei. Während allmählich herangewachsene Nationalstaaten wie Frankreich, Spanien, Schweden, England sich mehr oder weniger eindeutig zu einer der feindlichen Fraktionen bekannten, ging im zersplitterten Deutschland die Religionsgrenze oft mitten durch Städte und Länder. Vereinfacht gesagt: Norddeutschland war im Wesentlichen evangelisch, Süddeutschland (außer Württemberg) katholisch.

Natürlich war die Religionsfrage vorrangig Ausdruck wechselnder politisch-ökonomischer Interessen, aber man sollte sich hüten, sie geringzuschätzen. Belange des wahren christlichen Glaubens beschäftigten sowohl die Gelehrten, wie die einfachen Menschen des 17. Jahrhunderts intensiv. Religiöse Postulate waren die Vorläufer späterer ideologischer Parolen, um deren Wirksamkeit gerade wir Deutschen nur zu genau wissen sollten. Die auf den Scheiterhaufen der Inquisition brennenden Ketzer gelangten dorthin nicht aus wirtschaftlichen oder handelspolitischen Erwägungen, sondern aus religiösen Motiven.

Zur Wahrung ihrer bedrohten Interessen schlossen sich die protestantischen Staaten Deutschlands im Mai 1608 zur Union zusammen, einem Schutz- und Trutzbündnis gegen den Habsburger-Kaiser zu Wien.

Ein Jahr später wurde als Gegengewicht die katholische Liga ins Leben gerufen, zusammengekittet durch spanisches Gold aus Südamerika und die geschickte Rabulistik der Jesuiten. Das Programm der Ligisten unter Führung des Kurfürsten Maximilian von Bayern hieß: gesamteuropäische Gegenreformation, zuerst und zuvörderst in Deutschland, wo mit Martin Luther die protestantische Bewegung ihren Ausgang genommen hatte.

Böhmen zählte damals noch zum Deutschen Reich und war direkt dem Kaiser unterstellt. Dort, in der Heimat der aufmüpfigen Hussiten, sollte ein Exempel statuiert werden; kaiserliche Beamte drangsalierten die Andersgläubigen, man ließ evangelische Kirchen schließen und behinderte den Gottesdienst. Auf einen Vorwand wie den Prager Fenstersturz wurde geradezu hingearbeitet. Die Verhältnisse in Böhmen eskalierten 1618 schnell. Die Stände setzten den Kaiser kurzerhand ab und wählten sich einen eigenen König, den Pfalzgrafen Friedrich. Bereits 1619 begann an der Peripherie des Reiches das Morden und

Schlachten zwischen Tschechen und Spaniern, Ungarn und Italienern, gelegentlich waren sogar schon Deutsche dabei. Auf sie ergoß sich die Schale des Zorns allerdings erst ab 1621.

Über den 30jährigen Krieg ist unendlich viel geschrieben worden. Mißt man die Fülle der Ereignisse am Ergebnis des Ganzen, so verlohnt es kaum, das militärische Kreuz- und Querziehen näher zu betrachten. Wer da auf wen schoß, stach und hieb, wer mit wem Bündnisse schloß und sie wieder annullierte, vermag allenfalls Spezialisten zu interessieren. Daß es dabei am wenigsten um deutsche Belange ging, zeigt schon die Periodisierung des Krieges in einen böhmischen (1618 bis 1623), dänischen (1625 bis 1630), schwedischen (1630 bis 1635) und französischen (1635 bis 1648).

Die „Heldentaten" eines Tilly, Banér, Mansfeld, Werth, Pappenheim, Bernhard von Weimar und anderer Söldnerführer solchen Schlages sind ein unerquickliches Kapitel voller Blut, Qual und Wehgeheul.

Was die deutsche Zivilbevölkerung leiden mußte, spottet jeder Beschreibung. Stellvertretend für zahlreiche Berichte sei hier aus der Chronik des protestantischen Pfarrers Johann Daniel Minck aus Großbiberau in Hessen zitiert. 1634 notierte der Pastor:

„Kein Mensch durfte sich auf dem Land blicken lassen, ihm wurde nachgejagt wie einem Wild, er wurde ergriffen, unbarmherzig geschlagen, nackt an den heißen Ofen gebunden, aufgehängt, mit Wasser und Jauche getränkt, welches die Soldaten den Leuten aus Zubern in den Mund schütteten und mit Füßen auf ihren angeschwollenen Bäuchen herumsprangen."

Wenn zu diesen Schrecknissen noch der häufig unvermeidliche Nahrungsmangel trat, dann boten sich Bilder des Entsetzens. Johann Daniel Minck berichtete aus dem Jahr 1635:

„Durch diesen Hunger ging es vielen Leuten so schlecht, daß sie nichts als Haut und Knochen waren. Die Haut hing ihnen am Leib wie ein Sack, sie waren ganz schwarz-

gelb, mit geweiteten Augen, krätzig, aussätzig, dick geschwollen und fiebrig, so daß es einem grauste, sie anzuschauen."

Die beiden einzigen Charaktere dieses geharnischten Zeitalters, Wallenstein und Gustav Adolf von Schweden, starben, als der Krieg erst seine Halbzeit erreichte; was danach folgte, war nurmehr grausamstes Räuberspektakel. Am Ende erwischte es sogar Brandenburg-Preußen, dessen Kurfürst Georg Wilhelm sein Land mit Hilfe abenteuerlichster Schaukelpolitik immerhin zwölf Jahre vor dem Schlimmsten bewahren konnte. Kein deutsches Land blieb verschont, abgesehen von einer Ausnahme. Im äußersten Nordwesten wohnten an der Ems die Ostfriesen, freie und stolze Bauern von altersher, die noch bis 1454 von Häuptlingen regiert wurden. Ihr Land, Jahrhunderte später unerschöpflicher Lieferant diskriminierender Witzeleien, entging der Kriegsfackel. Viele Deutsche wären damals freudig Ostfriesen geworden.

Statt dessen sahen sich die Bewohner Deutschlands eingewebt in einen bunten

Flickenteppich von unterschiedlichsten Hoheitsgebieten. „Ein Monstrum" nannte es der zeitgenössische Staatsrechtslehrer Samuel Pufendorf. Daß Deutschland 1648 aus mehr als 300 verschiedenen Territorien bestand, kann man in nahezu allen Geschichtsbüchern lesen. Jeder Historiker hat diese Zahl getreulich vom anderen abgeschrieben. Tatsächlich waren es genau 247 Länder und Ländchen, immer noch eine unglaublich hohe Zahl. Zu ihnen gehörten lächerlich winzige Gebilde wie das Fürstentum Ratzeburg, die Grafschaften Lingen und Rappoltstein, die Herrschaften Bliescastel und Hohenwaldeck, die Freien Reichsstädte Biberach, Leutkirch, Überlingen, die Abteien Cornelismünster und Ochsenhausen, die Propstei Ellwangen....

Das Deutsche Reich war zur absoluten politischen Ohnmacht verurteilt und hatte auf allen Gebieten verloren. Aus einem Land, das einst die Vorkämpfer der bürgerlichen Emanzipation stellte, war die Magd Europas geworden. Der Verlust an Menschen während des 30jährigen Krieges läßt sich unmöglich exakt berechnen. Als

Beispiel sei die Grafschaft Württemberg genannt, wo 1634 etwa 320 000 Einwohner lebten – am Ende des Krieges waren es noch ganze 48 000! Das reiche Augsburg schmolz von nahezu 100 000 auf 18 000 Einwohner. Manche Städte, wie Magdeburg 1631, sanken vollständig in Trümmer. Das Land war so wüst und leer, daß der Kurfürst von Sachsen vor den Toren Dresdens Wölfe und Bären jagen konnte. In der Rheinpfalz, in Hessen, Ostschwaben, Thüringen, Mecklenburg und Pommern betrugen die Bevölkerungsverluste zwei Drittel des Standes von 1618.

Schwerwiegender als alle materiellen Einbußen, die sich von den bekanntermaßen fleißigen Deutschen wieder wettmachen ließen, wogen die geistigen Folgen des 30jährigen Krieges. Staatliche Ordnung, Verwaltung und Rechtspflege lagen darnieder, Sprache, Sitte und Kultur – einst Vorbild für ganz Europa – befanden sich in Auflösung. Man suchte Ersatz und fand ihm im Ausland. Frankreich vor allem wurde das Vorbild in Kunst, Mode, Baustil, Vergnügungen. Ein Zeitgenosse klagte, daß man „die Affengebärden, Schlaraffenkleider und leichtfertigen Unarten täglich in Sitten, Zeremonien, Gastmählern, Sprache und Kleidung samt der Musik nachahmt." Deutsch galt nur noch als Umgangssprache der Ungebildeten und Unterprivilegierten:

„Wer nicht Französisch kann,
Ist kein berühmter Mann;
Drum müssen wir verdammen,
Von denen wir entstammen."

Es ist schon verwunderlich genug, daß während des Krieges ein gefühlvolles Gedicht wie Simon Dachs „Ännchen von Tharau" geschrieben wurde. Nach 1648 war dergleichen vergessen, statt dessen herrschten Ungeschmack und Schwulst. Ein wissenschaftliches Genie wie der Astronom Johannes Kepler konnte man sich in dieser Zeit gleich gar nicht vorstellen. Dafür nahmen Aberglauben und Hexenwahn einen ungeahnten Aufschwung.

Die Deutschen wurden damals ihrer nationalen Identität beraubt und trugen schwer an einem Minderwertigkeitsgefühl namentlich gegenüber dem westlichen Ausland. Ihr Reich war eben nur die Karikatur eines Staatsgebildes geworden. An ihm war nichts mehr heilig und in seinen Grenzen lebte vom Bewußtsein her keineswegs eine deutsche Nation. Muckertum und Untertanengeist dominierten in den „niederen Ständen", während der Adlige entweder zum Hoflakaien oder zum Krautjunker degenerierte. Wie oft in Zeiten gesellschaftlichen Niederganges geriet die Sucht nach Titeln zur Krankheit, wurden die Förmlichkeiten immer steifer, die Anreden immer schwülstiger. Die extreme Kleinstaaterei mit ihren Paragraphen, Grenzen und Zollschranken verformte den Geist der Deutschen zum Provinzlertum. Der arme Michel mit seinem Kirchturmhorizont war geboren. Folgerichtig nannte damals Grimmelshausen den Helden seines Schlüsselromans über die Epoche des 17. Jahrhunderts „Simplicissimus Teutsch", den äußerst einfältigen Deutschen.

1648 ging ein Zwiespalt durch die deutsche Geschichte, so tief, daß alles, was vor dem 30jährigen Krieg lag, aus dem Gedächtnis des Volkes schwand, die Reformation ausgenommen. Der Westfälische Friede hinterließ einen schwachen, schwerfälligen Staatskörper, der als Ganzes keine Bedeutung mehr besaß, während seine einzelnen Glieder, von Österreich und dem eben damals aufstrebenden Brandenburg-Preußen abgesehen, viel zu unbedeutend waren, um eine selbständige Politik zu verfolgen.

Die Schweden nisteten sich für die nächsten 150 Jahre in Vorpommern und Bremen ein, Franzosen besetzten das Elsaß; die Schweiz und die Niederlande verließen endgültig das Heilige Römische Reich Deutscher Nation. Und während jeder kleine Potentat seinen Ehrgeiz darein setzte, ein Schlößchen im Stile von Versailles zu bauen oder seinem Leben etwas von dem fürstlichen Glanz Pariser Art zu geben, versuchten etwa 20 Millionen deutsche Bauern und Bürger in stiller, geduldiger Arbeit, das zerstörte Land wieder emporzubringen. Handel und Gewerbe, Landwirtschaft und Handwerk erholten sich allmählich in dem vom Krieg heimgesuchten Orten.

Den politischen Gewinn aus drei Kriegsjahrzehnten zogen die Landesfürsten durch Übernahme der Kirchenhoheit, das Recht, Bündnisse mit auswärtigen Mächten zu schließen und die Errichtung stehender Heere. Territorialen Zuwachs erzielten vor allem Bayern mit der Oberpfalz und Brandenburg-Preußen mit Hinterpommern. Bedeutung und Einfluß der drei katholischen Kurfürstentümer Mainz, Köln und Trier schwanden dahin. Die „Libertät" der weltlichen Territorialherren siegte endgültig über des Kaisers Zentralgewalt, wobei es vom jeweiligen Herrscher abhing, ob er die seit dem Westfälischen Frieden verkündete religiöse Toleranz auch in der Praxis durchsetzte.

Ohnmächtig und nahezu schutzlos mußte man im Reich den französischen Raubzügen Ludwigs XIV. zusehen, dessen Truppen die Pfalz und das Rheinland verwüsteten, Städte wie Worms, Speyer, Mannheim niederbrannten. 1693 sank Heidelberg mitsamt seinem prächtigen Renaissanceschloß in Schutt und Asche. Selbst der Frankreich heimlich bewundernde Preußenkönig Friedrich II. bezeichnete das als „ewige Schande der französischen Nation, die wiewohl sehr höflich, sich manchmal zu Gräßlichkeiten hinreißen ließ, die der barbarischsten Nationen würdig wären."

So beklagenswert diese politische Zersplitterung des Deutschen Reiches auch ist – sie besaß nicht nur Nachteile. Gerade dank dieser in Europa einmaligen Zerklüftung besitzt Deutschland heute eine so reiche Kulturlandschaft wie kein anderes Land vergleichbarer Größe. „Jeder Einzelstaat und selbst kleinste Duodezfürstentümer hatten eine Residenzstadt, die entsprechend den finanziellen Möglichkeiten des Landesherrn ein Schloß, ein Theater, nicht selten ein Opernhaus, eine Bibliothek und weitere Kultureinrichtungen besaß", so Hans-Dieter Gelfert. Von dieser reichen Erbschaft ist das meiste bis heute erhalten oder wurde nach dem Krieg wieder aufgebaut.

Als Europa schließlich aus dem Schlaf der Vernunft erwachte, brach auch für Deutschland ein neues Zeitalter an. Die Aufklärung eroberte das Denken der Elite. Niemand hätte erwartet, daß ausgerechnet Brandenburg-Preußen, jenes vom 30jährigen Ermüdungskrieg schwer mitgenommene Land, beispielgebend auf diesem Gebiet werden sollte. Dort, in der Mark, in Pommern und Ostpreußen begann ein Prozeß, den Friedrich der Große 100 Jahre später als „Mirakel des Hauses Brandenburg" umschrieb.

Die unzufriedenen Böhmen hingegen, von deren Territorium das ganze Morden seinen Ausgang nahm, standen 1648 vor dem Trümmerhaufen ihrer Hoffnungen. Die Fensterstürzer von Prag zahlten fast alle mit Geld und Leben, Böhmen selbst blieb für die nächsten 250 Jahre dem Kaiser in Wien untertan.

7. Kapitel

Die Staatsmaschine im märkischen Sand

„Allianzen sind zwar gut, aber eigene Kräfte noch besser", erklärte Kurfürst Friedrich Wilhelm von Brandenburg in seinem Testament. Er wußte, wovon er sprach, war es doch gerade sein Land gewesen, das im 30jährigen Krieg leidvolle Erfahrungen mit jähen Bündniswechseln machen mußte. Vom Franzosenkönig Ludwig XIV. um die Früchte seines Sieges bei Fehrbellin (1675) betrogen, sah der Große Kurfürst sein politisches Heil im Aufbau einer möglichst schlagkräftigen Armee und einer weitgehend autarken Wirtschaft.

Da aber Brandenburg-Preußen ein bekanntermaßen armes und von der Natur wenig verwöhntes Land war, holte sich Friedrich Wilhelm seine Mitstreiter aus allen Himmelsrichtungen. Im Edikt von Potsdam gewährte er den in Frankreich aus religiösen Gründen drangsalierten Hugenotten Glaubensfreiheit und eine neue Heimat an Spree und Havel. Dieses Dokument vom 8. November 1685 gilt allgemein als Anfang einer von den Hohenzollern geprägten Politik ideologischer Toleranz. Begonnen hatte das jedoch weitaus früher.

Bereits die Reformation verlief in Brandenburg ohne ansonsten übliche Glaubenskämpfe und Zwangsbekehrungen. Als 1613 unter Kurfürst Johann Sigismund das brandenburgische Herrscherhaus zum Calvinismus übertrat, wurde kein Untertan gezwungen, diesen Schritt nachzuvollziehen, wie es anderswo in Deutschland an der Tagesordnung war. Derartig behutsamer Umgang mit Glaubensfragen sprach sich rasch herum, und seit der Mitte des 17. Jahrhunderts suchten religiös Verfolgte in Brandenburg-Preußen Zuflucht. Zu ihnen gehörten deutsche Mennoniten, schottische Presbyterianer, französische Waldenser und Katholiken aus aller Herren Länder. Selbst die nirgendwo gern gesehenen Juden erhielten anfangs (allerdings in begrenztem Maße und zeitlich befristet) Asyl. Bald kam der populäre Spruch auf:

"Es wird niemand Preuße, denn durch Not, Und ist er's geworden, so dankt er Gott."

1701 erlangte Kurfürst Friedrich III. die Königswürde für Preußen. Das Land war nun gleichsam von Staats wegen verpflichtet, seine Partitur im Konzert der europäischen Mächte zu spielen. Dazu bedurfte es einer starken Armee, vor allem wegen der überdehnten Grenzen eines aus fünf getrennten Teilen bestehenden Staates. Das Preußen des als „Soldatenkönig" bekannten Friedrich Wilhelm I. (1713-1740) reichte über mehr als 1000 Kilometer vom linksrheinischen Kleve bis in die litauische Nachbarstadt Memel. Dieses eher unorganische, zufällig zusammengewürfelte Gebilde verlangte mehr als andere nach „Arrondierung", um lebensfähig zu sein und das wiederum zwang zur äußersten Straffung aller Kräfte. Friedrich Wilhelm I. erkannte dies besser als manch anderer und opferte bewußt Glanz für Macht, für das „Reelle", wie er immer wieder sagte. Einerseits gab es kaum ein Land mit derart hohen Steuern wie Preußen (die Armee kostete viel Geld), andererseits wurde nirgends so viel vom Staat finanziert und subventioniert. Es gibt Historiker, die deshalb in Friedrich Wilhelm I. einen frühen Sozialisten sehen.

Vor allem brauchte das Land Menschen. 1732 gewährte der König in einem Patent 25 000 Salzburger Protestanten, die aus ihrer Heimat vertrieben wurden, Aufnahme in Ostpreußen. Er bezahlte die Reisekosten und überließ ihnen Vieh, Saatgut und Gerätschaften. Die Österreicher aus dem Gebirge leisteten Bemerkenswertes in einem Land, das vorrangig aus Urwald und Sümpfen bestand.

Man darf sich allerdings preußische Toleranzpolitik nicht so vorstellen, daß damals jedermann ohne Einschränkung Asyl im Land gewährt wurde. Der Staat benötigte ja nicht Menschen schlechthin, sondern Arbeitskräfte und Produzenten. Gesellschaftliche Randgruppen waren unerwünscht. In Preußen galten zahlreiche Verordnungen, wonach Arme, Bettler, Landstreicher

„und anderes unnützes Gesinde" abzuweisen seien. Friedrich Wilhelm I. befahl 1725 sogar, daß alle an der preußischen Grenze aufgegriffenen Zigeuner „ohne Gnade mit dem Galgen bestraft" werden sollten. Und über die Juden sagte er 1721: „Ich verlange mir das Schachergesindel nicht in meinem Lande."

Wenn man über die Geschichte des 18. Jahrhunderts spricht, so geraten mehr als zu anderen Zeiten die Monarchen in den Mittelpunkt des Interesses. Während der Epoche des Absolutismus hing die gesamte Staats- und Wirtschaftsmaschinerie in hohem Maße von den Intentionen des Herrschers ab. Fluch oder Segen seiner Mit- und Nachwelt war auch Friedrich Wilhelm I. ausgesetzt, vom Charakter eher ein Biedermann, den der Staatsdienst häufig zum Wüterich machte. Dieser umtriebige Fürst drohte widerwilligen Beamten: „Ich lasse hängen und braten wie der Zar und traktiere Sie wie Rebellen." Aber man muß ihm lassen, daß er auch mit sich selbst unerbittlich streng war.

„Ich ruiniere den Junkers ihre Autorität", schrieb der König 1717 und ließ im selben Jahr eine Kadettenanstalt gründen, um über die Ausbildung des Offiziersnachwuchses den einheimischen Adel an Armee, Monarch und vor allem an den Saat zu binden. Friedrich Wilhelm I. und seinem Sohn Friedrich dem Großen gelang es nicht zuletzt durch dauernde Beispiele von Selbstdisziplin, das ständische Freiheitsethos der Aristokratie umzuwandeln in ein gesamtstaatlich orientiertes Pflicht- und Dienstethos. Beamte waren in Preußen angehalten zu unbedingtem Gehorsam, unbestechlicher Pflichterfüllung und rückhaltloser Hingabe an den Staatsdienst. Fachliche Kompetenz ebenso wie dienstliche Disziplin der Beamtenschaft ermöglichten erst den Aufbau eines modernen Staates. Daß solchen Forderungen auch in Preußen allgemein-menschliche Schwächen entgegenstanden, liegt auf der Hand. Ein Monarch wie Friedrich der Große sah sich deswegen immer wieder in der Rolle des unbequemen, ja unerwünschten Mahners.

Allmählich entstand bei Preußens Elite eine verinnerlichte Grundhaltung von Ordnungsliebe, Organisationsgabe, Pünktlich- und Gründlichkeit, die später im Ausland als typisch deutsche Tugenden bewertet wurden. Freilich entartete zuweilen der Dienstgedanke zum blindem Gehorsam, wurde das Erhabene zum Lächerlichen – weniger allerdings in der preußischen als vielmehr in der neudeutschen Variante. Für Brandenburg-Preußen scheint das heute verklungene „Üb' immer Treu und Redlichkeit" vom Turm der Potsdamer Garnisonkirche am ehesten zur Nationalhymne zu taugen.

Friedrich dem Großen blieb es vorbehalten, den ersten Rechtsstaat Europas zu schaffen. „Vor Gericht müssen die Gesetze sprechen, und der Souverän muß schweigen", schrieb der König 1752. Es war ihm ernst damit. Das bezeugen zahlreiche Beispiele, nicht nur der berühmte Müller Arnold-Prozeß oder die Abschaffung der Folter. Worin auch immer Friedrichs geheimste Intentionen bestanden – seine janusköpfige Natur hat die meisten Biografen ratlos gelassen

– eines wußte er genau: Kraft und Überlebenschancen eines Staates hängen in erster Linie vom Geist seiner Gesetze und seiner Rechtsprechung ab. „Denn der Herrscher", so Friedrich, „macht sich gewissermaßen zum Mitschuldigen an den Verbrechen, die er ungestraft läßt."

Die Kehrseite der Medaille bildet unzweifelhaft das Übergewicht alles Militärischen in Preußen. Nach 1945 wurden unter dem Deckmantel der „Bekämpfung des preußischen Militarismus'" Schlösser verwüstet, Denkmale gesprengt, Straßennamen ausgetilgt und Geschichtsbücher umgeschrieben. Eine Epoche großer Ahnungslosigkeit begann, die Klischees am laufenden Band produzierte. Weder war der preußische Staat eine einzige große Kaserne (die meisten Soldaten arbeiteten neun Monate im Jahr auf den Feldern ihrer Gutsherren), noch bestand seine Armee aus zwangsrekrutierten Söldnern (es herrschte das Kantonsystem, ein Vorläufer der allgemeinen Wehrpflicht), noch waren Friedrichs Grenadiere vom Gedanken ans Desertieren besessen (sonst hätte er den Siebenjährigen

Krieg mit Niederlagen wie bei Kunersdorf nie durchgestanden). Und der Kadavergehorsam ist kein typisches Produkt des preußisch-evangelischen, sondern des habsburgisch-katholischen Kulturkreises.

Manche wohltätige Maßnahme lieferte jedoch Stoff für Mißverständnisse. In Preußen bestand im Gegensatz zu anderen europäischen Armeen die Regelung, den Soldaten jedes Jahr eine neue Uniform auszugeben. Damit war die Erlaubnis verbunden, die gebrauchten Waffenröcke außerhalb des Dienstes aufzutragen oder an Freunde und Verwandte zu verschenken. In einigen Regionen entwickelte sich aus dieser Praxis sogar eine regelrechte Volkstracht der Bauern. Mit solchen Verhältnissen nicht vertraute ausländische Besucher – wie etwa der scharfzüngige Franzose Mirabeau – bekamen dadurch zwangsläufig den Eindruck, der preußische Staat des 18. Jahrhunderts sei ein einziges Heerlager.

Erst in jüngerer Zeit erinnert man sich wieder an Vorfälle wie diesen: Friedrich der Große, in Kriegszeiten keineswegs zimperlich, befahl 1762 dem Major Johann Friedrich von der Marwitz als Vergeltung für feindliche Verwüstungen in Preußen, das sächsische Schloß Hubertusburg niederzubrennen. Marwitz weigerte sich, weil dieser Befehl nicht mit seiner Soldatenehre zu vereinbaren sei. Er kam deshalb weder auf die Festung, noch vors Kriegsgericht, aber der König entließ ihn ungnädig aus dem Militärdienst. Marwitz kommentierte: „Ich wählte Ungnade, wo Gehorsam Schande gebracht hätte." Schloß Hubertusburg blieb unzerstört, das Zerrbild vom hackenknallenden preußischen Offizier leider auch.

Dabei erwarb sich Preußen gerade während des Siebenjährigen Krieges gesamtdeutsche Sympathien wegen seiner Siege über französische und russische Invasoren (Roßbach 1757, Zorndorf 1758). Für Johann Wolfgang Goethe setzte die Geburtsstunde deutschen Nationalbewußtseins mit der Schlacht von Roßbach ein, er war „fritzisch gesinnt" wie alle Menschen aus seiner Umgebung. Langsam entdeckte Deutschland seine Identität wieder, allmählich begann die Muttersprache im Kurs zu steigen, der temporäre Preuße Lessing ersann die ritterliche Figur seines Majors v. Tellheim und auf den Straßen sang das Volk Lieder vom „großen Friederich", der Franzosen und Panduren zu Paaren trieb. Zumindest im Geiste kamen sich die Deutschen wieder näher. Der preußische Philosoph Immanuel Kant lieferte der Elite das geistige Rüstzeug.

Daß Friedrich dem Großen die deutsche Nation gleichgültig gewesen sei, ist eine Legende. Sonst hätte er wohl kaum 1753 seinem französischen Freund Voltaire geschrieben: „Ich meinerseits bin nur ein braver Deutscher und schäme mich nicht, jenen Freimut zu haben, der dieser Nation eigen ist." Und in seiner „Ode an die Deutschen" von 1759 beklagte der König den mangelnden nationalen Zusammenhalt:

„Ihr trätet gerne Preußen in den Staub,
Frankreich und Schweden muß Euch Hilfe senden,
Dem wilden Russen bietet Ihr's zum Raub,
Ihr Armen grabt das Grab mit eignen Händen.

*Ihr gebt dahin das Land und seine Rechte,
Fremdlingen dienet ihr als deutsche Knechte.
Wie werdet Ihr es einst beweinen,
Daß Ihr der stolzen Feinde Heer
Mit eigner Hand geschärft den Speer.
Der Fremde wird's nie redlich meinen."*

1763, am Ende des Siebenjährigen Krieges, behielt Friedrich der Große das 23 Jahre zuvor eroberte Schlesien. Die gute, fromme Revanchistin Maria Theresia von Österreich vergaß es bis an ihr Lebensende nie, doch mehr noch schmerzte sie, daß die Schlesier offenkundig an neuer preußischer Ordnung mehr Geschmack fanden, als am altgewohnten habsburgischen Schlendrian. Dank der überragenden Gestalt seines Königs, der als „Alter Fritz" nach dem Krieg ein Vierteljahrhundert unermüdlicher Aufbauarbeit vorantrieb, schien Preußen fester denn je zu stehen. Hoch- und Pflichtgefühl übersahen freilich die zunehmenden Risse im Staatsgebäude. Selbst behutsame Reformen wurden für überflüssig gehalten. Man wähnte sich für ewig im besten aller Staaten und begann einzuschlafen auf den Lorbeeren Friedrichs des Großen, wie Königin

Luise später sagte. Am Horizont erkannten die Hellsichtigen Umsturz und Revolution.

Ganz geheuer schien die Situation auch dem zunehmend konservativen Friedrich nicht, zumal sein Neffe und Nachfolger vom Liebesleben der Frauen wesentlich mehr als vom Staatsdienst verstand. Würde er das Land und seine mehr als fünf Millionen Einwohner gut regieren? „Wenn nach meinem Tode mein Herr Neffe in Schlaffheit verfällt", schrieb Friedrich der Große, „so sehe ich voraus, daß ... heute in 30 Jahren weder von Preußen, noch von dem Hause Brandenburg die Rede sein wird." Der 1786 verstorbene König sollte mit seiner Prophezeiung beinahe Recht behalten.

8. Kapitel

Das Reich entschlummert sanft

Als Napoleon I., Kaiser der Franzosen, am 27. Oktober 1806 an der Spitze seiner Heersäulen in die preußische Hauptstadt Berlin einzog, war die Sensation perfekt. Das letzte deutsche Land, welches es gewagt hatte, dem Imperator Widerstand zu leisten, schien geschlagen. Der korsische Erbe von Frankreichs großer Revolution trug die Ideen der 1789er Umwälzung in den letzten Winkel des gerade erst sanft entschlummerten Deutschen Reiches. 17 Jahre zuvor meinten fromme Enthusiasten, die Ideen von Freiheit, Gleichheit, Brüderlichkeit würden über die Köpfe der Menschen verbreitet – nun erwiesen sich Bajonettspitzen als weitaus überzeugenderes Argument. Französische Kanonen zeigten Europa wie man die Freiheit bringt. Gerade die Deutschen, merkwürdig immun gegen das Revolutionsvirus, mußten erfahren, daß die stärkeren Bataillone immer Recht haben.

Warum die Funken der Französischen Revolution in Deutschland nicht so recht zündeten, erklärte sich damals die Schriftstellerin Anne de Staël in ihrem Buch „De l'Allemagne" damit, daß die Deutschen „die größte Kühnheit des Denkens mit dem folgsamsten Charakter verbinden." So richtig das sein mag, die Ursachen lagen doch in Wesentlicherem. Im Gegensatz zu Frankreich war Deutschland kein zentralistisch strukturiertes Land, wo sich eine Revolution in der Metropole gleichsam stellvertretend für die ganze Nation vollziehen konnte. Gravierende soziale Mißstände, Hauptgrund für den Ausbruch der Französischen Revolution, fehlten in den deutschen Ländern weitgehend. Der Adel besaß bei weitem nicht so große Macht wie im westlichen Nachbarstaat. Die Landesfürsten des aufgeklärten Absolutismus hatten oft von sich aus durch Reformen zahlreiche soziale Härten gemildert. In Preußen beispielsweise wurde die Leibeigenschaft auf den königlichen Domänengütern (ein Drittel der landwirtschaftlich genutzten Fläche) bereits 1794 abgeschafft. Ähnliches geschah in Österreich unter der Führung des reformfreudigen Kaisers Joseph II.

Schließlich gab es in keinem deutschen Land ein reiches, selbstbewußtes Bürgertum, das eine Revolution hätte tragen können. Die geistigen und politischen Kräfte in Deutschland standen den Ideen der Französischen Revolution sehr differenziert gegenüber. Anfängliche Begeisterung über Verkündung von Menschenrechten etc. wich bald dem Abscheu vor dem Terror der radikalen Jakobiner. So sehr sich marxistische Geschichtsschreiber weiland auch mühten, in die deutsche Historie gravierende Auswirkungen der Revolution hineinzuinterpretieren – gefundene Beweise blieben äußerst schwach. Zwar schrieb der Tübinger Stiftsschüler Johann Christian Hölderlin 1790 die dräuenden Reime:

„Wenn die Starken vor Despoten treten,
Sie zu mahnen an der Menschheit Recht,
Hinzuschmettern die Tyrannenketten,
Fluch zu donnern jedem Fürstenknecht."

Aber gerade Hölderlin übte sich mehr in Elegien über Nichterreichtes und predigte in schwer ausdeutbarer Lyrik ein utopisch-antikes Ideal. Erneuerung der Gesellschaft fand in Deutschland mehr im Denken der Intellektuellen statt, als in der Realität, zumal das französische Beispiel von Jahr zu Jahr immer weniger anziehend geriet. Waren Massenmord und Totschlag der Jakobinerdiktatur 1793/94 schon ein äußerst abschreckendes Kapitel, so entstand nach der Machtergreifung Napoleon Bonapartes Ende 1799 langsam aber stetig eine sehr reale Gefahr für Frankreichs Nachbarländer.

Daß der Erste Konsul und spätere Kaiser seine Expansion vor allen gegen das ohnmächtige, zersplitterte Reich aller Deutschen lenken würde, lag auf der Hand. Niemand rechnete indes mit dem politischen Kalkül des Korsen, sich zur endgültigen Liquidierung Deutschlands seine Verbündeten ausgerechnet in Deutschland selbst zu suchen.

Die Tage der geistlichen und weltlichen Zwergstaaten, der Duodezfürstentümer und freien Reichsstädtchen waren gezählt. „Weil die Masse der deutschen Staaten keine Macht bildet, kann die Unabhängigkeit ihrer Teile nur so lange respektiert werden, als der Vorteil anderer Mächte es erfordert", stellte der preußische Philosoph Friedrich Wilhelm Hegel fest. Den „Vorteil anderer Mächte" wußte Napoleon geschickt für seine Interessen einzusetzen. Er hatte sich im Vertrag von Lunéville 1801 das gesamte linksrheinische Gebiet unter den Nagel gerissen und den deutschen Fürsten angeboten, sich für den Verlust ihrer dortigen Besitztümer im Reich selbst zu entschädigen. Daraufhin kam ein lauthalser Länderschacher in Gang, der zu den unerquicklichsten Episoden deutscher Geschichte zählt. Zwei Jahre später erscholl das Ende vom Lied: 112 Reichsstände verloren ihre Selbständigkeit; Sieger im großen Gewinnspiel wurden Bayern, Württemberg, Hessen, Baden und Preußen, die ihr Territorium erheblich vergrößerten. Das Ganze erhielt den schwerfälligen Titel

„Reichsdeputationshauptschluß" (Februar 1803)
Um den Vorgängen die rechte Weihe zu geben, ernannte (!) Napoleon die Herrscher von Bayern und Württemberg zu Königen, Baden und Hessen-Kassel wurden Kurfürstentümer. „Der große Pfefferkuchenbäcker Napoleon zieht immer neue frischgebackene Monarchen aus seinem Ofen", spottete eine britische Zeitschrift. Nun war es nur noch ein kleiner Schritt bis zur endgültigen Auflösung des Heiligen Römischen Reiches Deutscher Nation. Der Franzosenkaiser wählte auch dafür wieder eine sublime Form. Nachdem er Österreich und Rußland 1805 bei Austerlitz schwer geschlagen hatte, legte er 16 deutschen Fürsten einen Vertrag vor, in dem die Trennung ihrer Staaten vom Reich vorgesehen und die Anerkennung Napoleons als Protektor eines zu gründenden „Rheinbundes" festgeschrieben wurde. Folgsam unterzeichneten die Vertreter der 16 Staaten am 16. Juli 1806 dieses Rheinbundtraktat. Ihr Herr und Meister in Paris durfte es zufrieden sein.

Zwar gehörten zum Rheinbund neben den Herrschern von Bayern, Baden und Württemberg auch unbedeutende Potentaten wie der Herzog von Nassau-Usingen oder die Fürsten von Salm-Kyrburg, Liechtenstein und von der Leyen, doch ihr ostentatives Bündnis mit Frankreich fand schließlich am 1. August 1806 mit dem förmlichen Austritt der 16 Fürsten aus dem Deutschen Reich seinen unrühmlichen Höhepunkt. Kaiser Franz II. erklärte daraufhin das römisch-deutsche König- und Kaisertum für erloschen. Alle Stände wurden von ihren Pflichten gegenüber Kaiser und Reich entbunden.

Franz II., der sich schon 1804 sicherheitshalber zum erblichen Kaiser von Österreich erklärt hatte, behielt immerhin einen wohltönenden Titel und reiche Stammlande. Aber das unrühmliche Ende des irgendwo immer noch altehrwürdigen 900jährigen Reiches rief Unzufriedenheit unter der Bevölkerung hervor und förderte die nationale Bewegung in ganz Deutschland. Für viele war es unfaßbar, daß die alte Sprach- und Kulturnation der Deutschen jeden einigenden gesamtstaatlichen Rahmen verloren hatte.

Der 37jährige Nürnberger Buchhändler Johann Philipp Palm veröffentlichte damals eine Flugschrift unter dem Titel „Deutschland in seiner tiefsten Erniedrigung", worin gegen napoleonische Willkürherrschaft und Rheinbund-Kollaborateure zu Felde gezogen wurde. Dieses Mittelding zwischen Klage und Anklage im Namen Deutschlands führte zu Palms Verhaftung. Am 26. August 1806 wurde der Buchhändler von einem französischen Kriegsgericht binnen 24 Stunden zum Tode verurteilt und hingerichtet. Diese grelle Maßnahme des Gesinnungsterrors sollte zum Symbol für die Segnungen der Napoleon-Ära in Deutschland werden.

In den Rheinbundstaaten fanden zwar umfangreiche Verwaltungs- und Sozialreformen statt; die Einführung des bürgerlichen Gesetzbuches Code Napoléon sollte grundlegende Rechte der Französischen Revolution einführen: Freiheit und Sicherheit der Person, Gleichheit vor dem Gesetz,

Unverletzlichkeit des Eigentums. Praktische Auswirkungen ergaben sich daraus kaum, weil sich die wirtschaftliche Lage der Rheinbundstaaten wegen hoher materieller Belastungen durch die napoleonischen Besatzungstruppen eher verschlechterte.

Frankreichs Hegemonieansprüche stießen in Deutschland auf zunehmenden Widerstand. Der preußische Theologe Friedrich Schleiermacher schrieb im Juni 1806: „Es steht bevor, früher oder später, ein allgemeiner Kampf, dessen Gegenstand unsere Gesinnung, unsere Religion, unsere Geistesbildung nicht weniger sein werden, als unsere äußere Freiheit und äußeren Güter. Ein Kampf, den ... die Völker mit ihren Königen gemeinsam führen werden."

Den von Schleiermacher prophezeiten Kampf nahm Preußen gemeinsam mit Sachsen an. Allerdings zu einem derart unpassenden, ungeschickt gewählten Zeitpunkt, verlassen von allen potentiellen Verbündeten, daß Napoleon die preußische Kriegserklärung von 1806 zunächst für eine diplomatische Finte hielt. Als er merkte, daß die ganze Angelegenheit doch ernst gemeint war, begann die französische Militärmaschine zu rollen. Kaum drei Wochen vergingen, da erlitt die ruhmreiche friederizianische Armee bei Jena und Auerstedt ein Debakel erster Ordnung.

Es ist viel geschrieben worden über das damalige preußische Heer und dessen Unzulänglichkeiten auf materiellem Sektor. Was aber letztlich die Niederlage verschuldete, war die mentale Einstellung der Generalität. Die Führung des Jahres 1806 war derart von der eigenen Unfehl- und Unschlagbarkeit überzeugt, derart vom Nimbus Friedrichs des Großen durchtränkt, daß es an sträflichen Leichtsinn grenzte. Wenn der General Ernst Philipp von Rüchel behauptete, Heerführer wie Napoleon gäbe es in Preußens Militär dutzendweise, so drückte er die allgemeine Haltung des höheren Offizierskorps aus. Einzig der von manchen Historikern als hilfloser Trottel verkannte König Friedrich Wilhelm III. stand dem ganzen Feldzug skeptisch gegenüber und beklagte „die unbeschreibliche Konfusion" in den eigenen Reihen. Dieser steife, entschlußlose Mann schlichten Gemütes wurde eigentlich nur durch seine Gemahlin Luise im moralischen Gleichgewicht gehalten; an den bramarbasierenden Generalen seiner Umgebung hatte er keinen Halt.

Zu den Legenden gehört auch die Behauptung, Preußens Soldaten wären 1806 desertierend in alle Himmelsrichtungen verschwunden. „Wir waren ein festes, treues, ein gutes, starkes Kriegsvolk. O, hätten Männer an unserer Spitze gestanden!", schrieb der preußische Offizier Adelbert von Chamisso, später als Lyriker und Publizist bekannt. Auch konnte vom „Zusammenbruch" Preußens nach Jena/Auerstedt keine Rede sein. Der Staatsapparat blieb im wesentlichen intakt und wich in die Ostgebiete aus, die Armee leistete mit russischer Hilfe hartnäckigen Widerstand.

Was die preußische Niederlage den Zeitgenossen so unerhört scheinen ließ, war die Tatsache, daß die für unbesiegbar gehaltenen Truppen Friedrichs des Großen vor französischen Revolutionshorden davonliefen. Selbst Napoleon, der keineswegs an Selbstunterschätzung litt, besaß eingestandenermaßen Respekt vor Preußens Armee. Seine zunächst leicht errungenen Siege ließen ihn allerdings schnell in äußerste Geringschätzung des Gegners zurückfallen.

Böse sah es für Preußen aus, als Ende Juni 1807 der russische Verbündete um Waffenruhe bat. In Tilsit stand das Schicksal des Staates auf Messers Schneide. Daß Preußen nicht von der Landkarte getilgt wurde, war weniger dem Verhandlungsgeschick der Königin Luise zu danken (so sehr man den außergewöhnlichen Einsatz dieser Frau bewundern darf), als dem Druck des Zaren, der Napoleon nicht ganz Deutschland ausliefern mochte. Der Krieg war sichtbar verloren, doch wenigstens vermied es die Berliner Politik, dem suspekten Rheinbund beizutreten.

Im Jahre 1808 fand in Erfurt unter Napoleons Vorsitz ein Fürstentag statt. Die deutschen Huldigungen an den Kaiser überstiegen nach Einschätzung des französischen Diplomaten Talleyrand jedes Maß und berührten ihn peinlich. Kein Mensch rechnete damit, daß gerade dieses scheinbar für immer sklavisch unterworfene Volk der Deutschen dem Imperator fünf Jahre später sein politisches Grab schaufeln sollte.

9. Kapitel

Deutschland spielt die zweite Geige

Das sächsische Dorf Großgörschen, zwischen Merseburg und Weißenfels gelegen, gab am 2. Mai 1813 die Kulisse für eine Schlacht her. Ganz in der Nähe, bei Lützen, hatten sich 181 Jahre zuvor die Heere Wallensteins und Gustav Adolfs von Schweden geschlagen; jetzt standen hier die Franzosen den vereinigten Preußen und Russen gegenüber. Nachdem beide Seiten mehr als 10 000 Tote und Verwundete auf dem Schlachtfeld zurückgelassen hatten, ging man auseinander. Das Ganze stellte ein klassisches Remis dar, bei dem jeder sich wie üblich für den Sieger hielt.

Großgörschen war der erste Akt eines Dramas, das als „Deutsche Befreiungskriege 1813-1815" in die Geschichte einging. Wie so viele schematisierende Begriffe ist auch dieser irreführend. Was sich damals befreite, war eben nicht Deutschland oder die Deutschen, sondern bestenfalls Preußen und eine Handvoll verbündeter Kleinstaaten. Und selbstverständlich die Russen, Österreicher, Engländer, Spanier. Hingegen blieb es auch noch 1813 in den deutschen Rheinbundstaaten still und stumm, geschweige denn, daß jemand zur Waffe gegen die napoleonischen Besatzer gegriffen hätte.

Der Würzburger Dichter Friedrich Rückert ließ neben dem Schwaben Ludwig Uhland als einziger Nichtpreuße seiner Vaterlandsliebe in „Geharnischten Sonetten" freien Lauf. Aber selbst Rückert blieb aus Rücksicht auf seine barmenden Eltern hinterm heimischen Herd, während der preußische Poet Max von Schenkendorf („Deutschland heißet unser Haus") trotz seiner gelähmten Hand freiwillig zur Armee ging. Dem tapferen Sachsen Theodor Körner, dessen König es penetrant lange mit Napoleon hielt, blieb nichts anderes übrig, als einer preußischen Freischar, den Lützowern, beizutreten.

Preußen, von Napoleons Hegemonie am ärgsten gebeutelt, übernahm bereits 1813 eine gesamtdeutsche Führungsrolle, die eigentlich niemand so richtig gewollt hatte. 1807 auf die Hälfte seines territorialen Besitzstandes gedrückt, von den Franzosen und ihren deutschen Verbündeten ausgepreßt und beargwöhnt, war das Land gezwungen, auf moralischem Gebiet zu erobern, was es an materiellem Boden verloren hatte. Es mußte schon starke Denkanstöße gegeben haben, wenn ein überzeugter Konservativer wie Friedrich Wilhelm III. einen Befehl erließ, der es „bürgerlichen Individuen" gestattete, preußischer Offizier zu werden. Daß der König 1807 den Freiherrn Karl vom Stein, den er weder politisch noch persönlich ertragen konnte, zum Premierminister berief und ihn ein Gesetz zur Bauernbefreiung durchsetzen ließ, stellt ein Phänomen dar. Die Reform des Militärwesens durch Scharnhorst und Gneisenau ließ sich schon eher mit Potsdamer Traditionen vereinbaren.

Der preußische Staat begann nach 1807, seine elementare Lebenskrisis zu überwinden und fand Kraft zu innerer Erneuerung. Revolution von oben setzte ein, für das Land der verinnerlichten Disziplin allemal geeigneter als Umsturz von unten. Die Reformen von Hardenberg und Stein machten aus dem Domizil der Junker einen modern-bürgerlichen Staat mit bemerkenswerten Ansätzen zur Demokratie. Ansonsten mußte man murrend und knurrend die Tatsache anerkennen, daß Napoleon nach der Devise „Frankreich, Frankreich über alles!" vorerst Europa regierte.

Ein Irrtum wäre es, anzunehmen, Preußen habe im Gegensatz zu Rheinbund-Deutschland von 1807 bis 1812 ganz zielstrebig auf einen Sturz von Napoleons Herrschaft hingearbeitet. Das wollte vielleicht Stein (der nur ein Jahr leitender Minister war), keinesfalls aber sein konzilianter Nachfolger Hardenberg. Ohne Verbündete gegen das übermächtige Frankreich loszuschlagen, wie der Husarenoffizier Ferdinand von Schill im Jahre 1809, schien heller Wahnsinn. Nur wenige besaßen soviel Weitsicht oder Instinkt wie Königin Luise von Preußen, die im April 1808 an ihren Vater schrieb: „Deshalb glaube ich auch nicht, daß der Kaiser Napoleon Bonaparte fest und sicher auf seinem, jetzt freilich glänzenden Thron ist." Luise war überhaupt ein außerordentlicher Charakter. 1809 erklärte sie: „Ich bin Deutsche aus ganzem Herzen", was für eine preußische Königin in dieser Zeit zumindest ungewöhnlich schien. Denn eigentlich war man Bayer, Sachse, Mecklenburger, Württemberger und nicht Deutscher, ein Begriff, der eher ins Mittelalter gehörte.

Erst nach der unverhofften Niederlage Napoleons in Rußland 1812 wurden einige deutsche Intellektuelle mutig, schleuderte der mutigste von allen, Ernst Moritz Arndt, sein trotziges: „Das ganze Teutschland soll es sein." Nun erinnerte man sich, daß es Jahrhunderte zuvor ein einiges starkes Reich gegeben hatte. „Das Evangelium der Freiheit, mit dem Frankreich seine Kriege begonnen hatte, kam wie ein Wurfgeschoß auf Napoleon zurückgeflogen", schreibt Friedrich Sieburg in seiner „Französischen Geschichte". 1812 lag ein Hauch von Rebellion über Deutschland. Theodor Körner verlieh dieser Stimmung Ausdruck:

„Doch wir sehn's im Aufschwung unserer Jugend,
In des ganzen Volkes Heldengeist:
Ja, es gibt noch eine deutsche Tugend,
Die allmächtig einst die Ketten reißt.

Wenn auch jetzt in den bezwungnen Hallen
Tyrannei der Freiheit Tempel bricht:
Deutsches Volk, du konntest fallen,
Aber sinken kannst du nicht!"

Was damals im Frühjahr 1813 begann, war kein revolutionärer Volkskrieg, sondern ein weitgehend disziplinierter Staatskrieg. Anders wäre es auch nicht zu erklären, warum in den nun ausbrechenden Kämpfen Radikalisten wie Stein und Konservative wie General Yorck, Reformer wie Gneisenau und Reaktionäre wie Kleist von Nollendorf einander zur Seite standen. Napoleons in politische Blindheit ausartendes Willkürsystem hatte es fertiggebracht, eine höchst heterogene Koalition zusammenzuschmieden, mittendrin (und das nicht nur im militärstrategischen Sinne) standen die Deutschen. Ihnen fehlte allerdings die Kraft zum gesamtnationalen Volksaufstand. Zwar flackerte es hier und dort, in Hamburg, Düsseldorf, Solingen und Lübeck, doch Napoleons Truppen wurden dieser Unruhen schnell Herr.

Erst als Staatskanzler Metternich im August 1813 seine Österreicher marschieren ließ, begann die Lage ernst zu werden, konnte Preußens „Marschall Vorwärts" Blücher die Franzosen in der Völkerschlacht bei Leipzig zusammenschlagen. Sachsens Soldaten entschlossen sich zum Klügsten, was sie noch tun konnten und liefen mitten im Gefecht zum Gegner über.

Was nach Leipzig folgte, ist eher von militärgeschichtlichem Interesse, politisch waren die Weichen schon im Oktober 1813 gestellt. Der Sieg über Napoleon mußte zu einer Neuordnung Europas führen. Diese Aufgabe fiel dem Wiener Kongreß zu. In Österreichs Hauptstadt tagte vom September 1814 bis zum Juni 1815 eine erlauchte Gesellschaft von Monarchen und Diplomaten. Ein Übermaß an gesellschaftlichen Veranstaltungen, vermehrt durch die Klatschsucht einer großen Stadt, brachte dem Kongreß einen zweideutigen Ruch von Frivolität und Skandal, der meist unbegründet war. Man tanzte zwar häufig mit „feschen Madln", leistete aber auch harte Arbeit für das Hauptziel, die „allgemeine Ausgeglichenheit des europäischen Kontinents". Gleichzeitig war man bestrebt, die vorrevolutionären Verhältnisse möglichst umfassend zu restaurieren.

Die Deutschen spielten in Wien ganz vernehmlich nur die zweite Geige. Staaten wie Sachsen, welche es bis zum bitteren Ende mit Napoleon gehalten hatten, waren ebensowenig vertreten wie Länder, deren Soldaten es erst im allerletzten Moment einfiel, die Gewehre herumzudrehen, wie beispielsweise Bayern. Selbst Preußen wurde von den großen Siegermächten eher als zuspätgekommener Juniorpartner behandelt, denn ungeachtet aller glänzenden Waffentaten von 1813-15, die im Triumph von Waterloo gipfelten, war das Land die längste Zeit neutral geblieben. Die Hauptlasten des 1792 begonnenen Kampfes gegen Frankreich hatten Großbritannien, Österreich und Rußland getragen und das ließ man die Deutschen nun deutlich entgelten.

Wichtiges Resultat des Wiener Kongresses war eine „Bundesakte", die aus 35 Fürstentümern und vier Freien Reichsstädten (Hamburg, Lübeck, Bremen und Frankfurt/Main) einen Deutschen Bund erschuf, den man als lockere Föderation bezeichnen kann. Die Angelegenheit war einigermaßen verwirrend. Österreich und Preußen traten nicht mit ihrem gesamten Staatsgebiet bei; so gehörten beispielsweise die Provinzen Posen, West- und Ostpreußen nicht zum Deutschen Bund. Andererseits waren drei ausländische Herrscher Mitglieder des Bundes, weil sie auch über deutsche Länder geboten: der König von Dänemark für Holstein und Lauenburg (aber nicht für Schleswig), der König der Niederlande für Luxemburg (das erst 1867 seine staatliche Selbständigkeit proklamierte) und der König von Großbritannien für Hannover. Von deutscher Einheit also keine Spur.

Territoriale Entscheidungen nahmen damals, wohl unvermeidlich, nur wenig Rücksicht auf nationale Interessen oder Gefühle der Völker. Ihre Herrscher dachten immer noch in den dynastischen Begriffen und setzten Nationalbewußtsein mit Rebellentum gleich. Deshalb kam die Wiener Entscheidung nicht nur für die Deutschen einem Tag der Geprellten gleich. Anderen erging es ebenso: Italien verharrte für die nächsten 50 Jahre in staatlicher Zersplitterung, die Belgier fanden sich als Anhängsel der Vereinigten Niederlande wieder, den Polen und Finnen blieb nur der Weg ins russische Zarenreich.

Patrioten hofften mit dem Freiherrn vom Stein, „daß Deutschland aufhöre, ein weiterer Sammelplatz von Unterdrückern und Unterdrückten zu sein". Sie forderten den einheitlichen, unabhängigen deutschen Nationalstaat, in dem Adel und Fürsten nicht mehr den ausschlaggebenden Einfluß besitzen sollten. Ehrenwert, aber auch sehr realitätsfern gedacht. Nach 23 Jahren unaufhörlicher Kriege wollte Europa Ruhe, nichts als Ruhe. Keine Umwälzungen mehr, keine Revolutionen, kein Säbelrasseln, möglichst nicht einmal laute Wortgefechte. Viele waren geneigt, Pressezensur und undemokratisches Wahlrecht in Kauf zu nehmen, wenn ihnen nur keine Kugeln mehr um die Ohren pfiffen. Lieber diskutierte man gemessenen Tones im Deutschen Bundestag zu Frankfurt am Main unter Vorsitz der „Präsidialmacht" Österreich, bei der es ohnehin immer ein wenig umständlich zuging.

Die europäischen Großmächte grinsten schadenfroh, weil sie das seltsame Staatengebilde Deutscher Bund nicht weiter ernst zu nehmen brachten. Denn die einzelnen Glieder dieser Föderation waren durchaus souverän bis hin zur Währungspolitik, nur das Recht eigenmächtiger Kriegführung fehlte ihnen. Wohl aber durften sie mit ausländischen Staat Bündnisse schließen. Die Einschränkung, daß dieses nicht gegen den Bund als Ganzes gerichtet sein dürfe, war ebenso wertlos, wie einst beim Westfälischen Frieden von 1648.

Nach 1815 hängten die Lützower Jäger ihre schwarz-rot-goldenen Uniformen (farbliches Vorbild der späteren deutschen Nationalflagge) an den Nagel, patriotische Dichter wurden zu Romantikern, Staatsminister Goethe versteckte seinen von Napoleon verliehenen Orden der Ehrenlegion in der hintersten Schublade. Deutsch-nationales Gedankengut erörterten die Männer, wenn überhaupt, nur am Biertisch. Mittelpunkt aller Geselligkeit wurde der Tanz. Man dehte sich allenthalben im weichen, sinnlichen Walzertakt, der erst nach 1840 von der lebhafteren böhmischen Polka abgelöst wurde. Herr Meier schickte sich an, wieder brav und bieder zu werden – es begann das deutsche Biedermeier.

Damals notierte der Dichter Joseph von Eichendorff: „Die deutsche Nation ist die gründlichste, innerlichste, folglich auch beschaulichste unter den europäischen Nationen, mehr ein Volk der Gedanken als der Tat ... Dieser Hang, die Dinge in ihrer ganzen Tiefe zu nehmen, scheint von jeher der eigentliche Beruf der germanischen Stämme zu sein."

Im Jahre 1848 rieb man sich dann verwundert die Augen und fragte, was eigentlich in den verflossenen drei Jahrzehnten geschehen war.

10. Kapitel

Auf steinigem Pfad zum Einheitsstaat

Die Angst vor einem geeinten Deutschland war nach der Niederwerfung Napoleons groß. Ereignisse wie das Wartburgfest vom Oktober 1817, als Studenten und Professoren zur Demonstration für die nationale Einheit zusammenkamen, schreckten den allmächtigen österreichischen Staatskanzler Metternich auf. Er sah die Gefahr, daß ein Sieg der nationalstaatlichen Idee in Deutschland ansteckend auf zahlreiche Völkerschaften der Donaumonarchie wirken können – Germanen quasi als Vorreiter der Unabhängigkeit von Ungarn, Kroaten, Böhmen, Serben u.s.w. Also wurden rigorose Maßnahmen gegen „Umstürzler" ergriffen, wobei gerade der bisher so liberale preußische Staat willig im Fahrwasser Österreichs segelte und besonders unpopuläre Zensurmaßnahmen anordnete. Andererseits mußte keinem deutschen Land der Zustand wirtschaftspolitischer Zerrissenheit so widersinnig und schwer erträglich scheinen, wie Preußen, dessen Territorium nach wie vor keine geografische Einheit bildete.

Im Deutschen Bund von 1815 bestand weder ein einheitliches Maß- und Münzsystem, noch ein gemeinsames Postwesen oder Institutionen wie Bundesgericht und Bundesheer. Restriktive Zollbestimmungen beschränkten die freie Handels- und Produktionstätigkeit. „Tiefgebeugt durch den traurigen Zustand des vaterländischen Handels und Gewerbes" wandten sich 1819 deutsche Kaufleute von der Messe in Frankfurt/Main an die Bundesversammlung. In ihrer Denkschrift klagten sie: „Um von Hamburg nach Österreich oder von Berlin in die Schweiz zu handeln, hat man zehn Staaten zu durchschneiden, zehn Zoll- und Mautordnungen zu studieren, zehnmal den Durchgangszoll zu bezahlen. Wer aber das Unglück hat, auf einer Grenze zu wohnen, der verbringt sein Leben unter feindlich gesinnten Zöllnern und Mautnern. Der hat kein Vaterland mehr."

Es dauerte noch Jahre, bis die Politik den Ernst der Lage erkannte. Preußen machte sich zum Vorreiter für einen Wegfall der innerdeutschen Zollschranken, weil das zersplitterte Land von Ostpreußen bis zum Rheinland am meisten unter den vorherrschenden Zuständen litt. Die Gründung des Deutschen Zollvereins 1834 war ein erster Schritt auf dem Weg zur Einheit; neben der Schaffung eines gemeinsamen innerdeutschen Wirtschaftsraumes für den Warenabsatz wurden auch neue technische Entwicklungen und die Industrialisierung gefördert.

Ganz andere Phänomene zeigten sich auf geistigem Gebiet. In den 20er und 30er Jahren herrschte das romantische Lebensgefühl: bewußte Abkehr von Ruhe, Ebenmaß und kühler Form der Klassik, Vermischung von Realem und Wunderbarem, Suche nach dem historisch Gewordenen, Wiederentdeckung des mittelalterlichen Kaiserideals verbunden mit Hoffnungen auf

Erneuerung des großen Reiches der Deutschen. Diese eher verschwommenen Sehnsüchte fanden ihre politische Entsprechung, als sich in den 40er Jahren die bürgerliche Opposition zur nationalen Bewegung formierte. Kosmopolitismus und Weltbürgertum, bis dahin die eigentliche politische Heimat der Deutschen, verbanden sich mit dem erwachenden Nationalismus.

Die Reaktionen auf Emanzipationsbegehren des Bürgertums fielen in den deutschen Teilstaaten sehr unterschiedlich aus. Während im Königreich Hannover kurzerhand die Verfassung außer Kraft gesetzt und oppositionelle Professoren des Landes verwiesen wurden, ließ der ausgesprochen liberale Großherzog von Baden schon 1831 die Pressezensur wieder aufheben. Im Gefolge unterschiedlicher Zeitströmungen formierten sich konservative, liberale und demokratische Gedanken zu festen Überzeugungen, auf deren Grundlage die ersten politischen Parteien entstanden.

Im März 1848 brachen die Gegensätze dann offen aus. Soziale und politische Spannungen (Verfassungskonflikte, Übergang zur kapitalistischen Großproduktion, Arbeitslosigkeit, Hungerrevolten) hatten im sogenannten Vormärz an Schärfe zugenommen. Die Revolution von 1848/49 war für deutsche Verhältnisse sehr heftig und blutig, sie war auch ebenso hilflos wie ideenträchtig. Quer durch alle Parteien bekannte man sich zur deutschen Einheit, wobei interessanterweise die radikalsten Linken auch zu den enthusiastischsten Großdeutschen gehörten, die auch Österreich in den gemeinsamen Reichsverband eingliedern wollten..

Das erste gesamtdeutsche Parlament trat am 18. Mai 1848 in Frankfurt/Main zusammen. Die 830 Abgeordneten verkündeten nach endlosen (offenbar zum Volkscharakter gehörenden) Debatten am 27. Dezember ein „Gesetz über Grundrechte des deutschen Volkes". Es garantierte vorrangig die Rechte des einzelnen Bürgers gegenüber den staatlichen Behörden. Soziale Fragen, die immer mehr zum Problemfall gerieten, blieben unberücksichtigt. Überhaupt trägt vieles aus dieser Zeit den Stempel des Provisorischen, Unausgegorenen, Utopischen.

Man verstand einander nicht so recht und griff von beiden Seiten schließlich zur Waffe – natürlich immer im Namen der Freiheit.

Die Frankfurter Nationalversammlung nahm am 28. März 1849 eine Reichsverfassung an, die nie zur praktischen Ausführung kam. Der König von Preußen wurde zum Deutschen Erbkaiser designiert, lehnte aber die Wahl ab. Ihm fehle das notwendige „freie Einverständnis der gekrönten Häupter", sagte Friedrich Wilhelm IV., der großen Wert auf monarchische Solidarität legte. Im Übrigen war der Preußenkönig ein friedliebender Geist, ein Romantiker auf dem Thron, dem Blutvergießen derart widerstrebte, daß er im März 1848 seine drückend überlegenen Truppen aus dem revoltierenden Berlin abziehen ließ. Am Ende mußte aber auch er ein Jahr später die Armeen in Marsch setzen.

Den Schlußakkord der Revolution erlebte das liberale Baden, dessen Soldaten auf die Seite der Revolutionäre übergelaufen waren, als Schlachtfest. Reichstruppen und preußisches Militär machten den linksradikalen Rebellen den Garaus. Die Sieger benahmen sich maßlos wie immer: Preußen warf mißliebige Parlamentarier zur Tür hinaus, in Österreich wurden sie gelegentlich, wie Robert Blum, auch erschossen. Das Sturmjahr 1848 versank im Katzenjammer; Reichsgedanke, Liberalität und Bürgerstolz schienen für Jahrzehnte entschwunden. Verklungen waren auch die martialischen Reime von Ferdinand Freiligrath:

„Das ist das alte Reichspanier,
das sind die alten Farben!
Darunter hauen und holen wir
uns bald wohl junge Narben!

Denn erst der Anfang ist gemacht,
noch steht bevor die letzte Schlacht!
Pulver ist schwarz
Blut ist rot,
Golden flackert die Flamme!"

Doch nun geschah ein Wunder. Selbst das Fiasko des politischen Aufbruchs von 1848/49 konnte deutsche Einheitssehnsüchte nicht zum Verstummen bringen. Die Gedanken zumindest waren frei und äußerten sich immer häufiger auch in Grundsatzreden. Preußen sah sich fast zwangsläufig auf den Weg einigungspolitischer Initiativen verwiesen, so wie 1834 mit der Gründung des Zollvereins. Vor allem in Norddeutschland schloß man sich den Einheitsbestrebungen an, während südlich des Mains namentlich Bayern und Württemberg einen deutschen Zusammenschluß unter preußischer Dominanz fürchteten, wie der Teufel das Weihwasser Und König Georg von Hannover, nicht nur physisch blind, war der Stachel im Fleische Norddeutschlands – ein ewig gestriger Reaktionär mit feudalistischen Allüren.

Den „Grund, der uns die Einheit verlieren ließ" erklärte sich Otto von Bismarck zu dieser Zeit so: „Es ist, wie mir scheint, ein gewisser Überschuß an dem Gefühle männlicher Selbständigkeit, welcher in Deutschland den Einzelnen, die Gemeinde, den Stamm veranlaßt, sich mehr auf die eigenen Kräfte zu verlassen als auf die der Gesamtheit." Das hat sich 150 Jahre später gründlich ins Gegenteil verkehrt und ist in eine Mentalität der Staatsversorgung und persönlichen Passivität abgeglitten.

Kontrovers wurde die Einheitsproblematik damals vor allem hinsichtlich des Habsburgerreiches diskutiert. Der großdeutsche Gedanke vertrat die historische begründete Einbindung der deutschstämmigen Österreicher in den erstrebten Nationalstaat; die Kleindeutschen wollten nichts von Habsburg wissen, das die Balkan-Zeitbombe immer mit sich schleppen würde. In Preußen mußte man kleindeutsche Lösungen favorisieren, anderenfalls wäre die österreichische Hegemonie im künftigen Reich nicht zu vermeiden gewesen und Berlin wollte sich Wien ebensowenig unterordnen wie umgekehrt.

Im Konflikt um Schleswig-Holstein 1864 gingen Preußen und Österreich noch gemeinsam militärisch gegen dänische Expansionsgelüste vor und jagten dem König in Kopenhagen einen gehörigen Schreck ein. Doch zwei Jahre später war der große Konflikt ausgebrochen – ein deutschdeutscher Bruderkrieg par excellence.

Der Wiener Regierung, spätestens seit dem Frankfurter Fürstenkongreß 1863 in der Rolle des Hemmschuhs für Deutschlands Einheit, gelang es, die süddeutschen Staaten nebst Hannover in den antipreußischen Feldzug hineinzuziehen. Mit sicherem Instinkt trat auch Sachsen wieder an die Seite der Verlierer.

Die ganze Angelegenheit dauerte im Sommer 1866 nur 40 Tage, dann waren die Habsburger und ihre Vasallen schwer geschlagen: Österreich und Sachsen bei Königgrätz durch das Genie des preußischen Generals Moltke, Hannover bei Langensalza, Baden und Württemberg bei Tauberbischofsheim, Hessen bei Laufach, Bayern bei Hünfeld (wo die blau-weißen Kürassiere vor den „Saupreiß'n" bis nach Schweinfurt ausrissen). Friedrich Engels, der selbsternannte große Guru militärischer Prophezeiungen irrte sich gewaltig, als er in britischen Zeitungen den sicheren Sieg der pro-österreichischen Koalition vorhersagte.

Nachdem die Interessenkollision zwischen Preußen und Österreich durch den Schwertstreich von Königgrätz und einen nachfolgend durch Kanzler Otto von Bismarck konstruierten, sehr milden Friedensschluß bereinigt war, konnte die kleindeutsche Variante der Einheit erprobt werden. Preußen schloß eine Allianz mit der deutschen Nationalbewegung. Staaten wie Hannover, Hessen-Nassau, Schleswig und Holstein sowie die Freie Reichsstadt Frankfurt am Main verschwanden von der Landkarte, der Deutsche Bund wurde im August 1866 aufgelöst.

Für vier Jahre existierten die „drei Deutschlands": Deutsch-Österreich, die Länder südlich des Mains (Bayern, Württemberg, Baden und Hessen-Darmstadt) und der Norddeutsche Bund. Letzterer, gegründet am 9. Februar 1867, war ein Zusammenschluß von 22 Staaten und freien Städten auf föderativer Grundlage. In seiner verfassungsmäßigen Struktur nahm er das Deutsche Reich von 1871 schon vorweg. Es gab den aus freien und allgemeinen Wahlen hervorgegangenen Reichstag (297 Abgeordnete) sowie Bundesrat und Bundeskanzler. Der preußische König stand als Bundespräsident an der Spitze des Staates. Die Bundesgesetzgebung regelte Zoll- und Handelsfragen, das Strafrecht sowie Verkehrs-, Post- und Telegraphenwesen. Für Zivilgerichtsbarkeit, Kultus, Erziehung und öffentliche Bauvorhaben waren die Länder zuständig.

Viele Liberale sahen im Norddeutschen Bund die Verwirklichung ihrer politischen Ziele: Verfassungsstaat, Freiheit von Wirtschaft und Gewerbe, Freizügigkeitsrecht. Sie gaben ihre Opposition gegen Bismarck auf und unterstützten den preußischen Weg zur deutschen Einheit. Auch die Demokraten südlich der Mainlinie konnten sich diesem Zug der Zeit nicht entziehen, wenngleich die 1868 in Stuttgart gegründete „Süddeutsche Volkspartei" ausgesprochen antipreußische und partikularistische Grundsätze proklamierte. Geheime Schutz- und Trutzbündnisse, die Preußen nach 1866 mit Bayern, Württemberg und Baden schloß, bildeten eine Vorstufe zur endgültigen Vereinigung aller Deutschen. Sie mußte umso schneller geschehen, wenn eine auswärtige Macht den Norddeutschen Bund mit Krieg bedrohte.

Eine politisch eher unbedeutende Affäre um die spanische Thronkandidatur eines Hohenzollern-Prinzen führte zum diplomatischen Konflikt mit Frankreich. Kaiser Napoleon III., innenpolitisch schwer unter Druck gesetzt von linken Republikanern, trat die Flucht nach vorn an. Seine Hoffnung, die für Paris seit 250 Jahren so vorteilhafte deutsche Zersplitterung zu verewigen, scheiterte kläglich. Napoleons Kriegserklärung an Preußen vom 19. Juli 1870 wurde von sämtlichen deutschen Staaten als Herausforderung betrachtet; von Oldenburg bis nach Bayern machte man gegen die Franzosen mobil. Da alle Länder (auch die süddeutschen) ihre Armeen nach preußischem Muster umgestaltet hatten und die Gesamtführung in den Händen eines Mannes wie Moltke lag, war der militärische Sieg über Frankreich schnell errungen.

Schon im Laufe des November 1870 traten Baden, Hessen, Bayern und zuletzt

Württemberg dem Norddeutschen Bund bei. Am 31. Dezember 1870 wurde die Bundesverfassung zur Reichsverfassung erklärt. Jene großartige, weil schlichte, Kaiserproklamation im Spiegelsaal von Versailles am 18. Januar 1871 war mehr ein symbolischer Akt, der mit einer Reichsgründung eigentlich nicht viel zu tun hatte. Jetzt begann ein völlig neues Kapitel deutscher Geschichte.

Preußen, Gestalter und Antreiber dieser Entwicklung, hatte seine Schuldigkeit getan. Es wurde, wie Kaiser Wilhelm I. treffend bemerkte, von Deutschland zu Grabe getragen. Der greise Monarch, nun Kaiser einer europäischen Großmacht, ahnte wohl, welche Gefahren in den nächsten Jahrzehnten auf seine Staatsbürger lauerten.

11. Kapitel

Mit Glanz und Gloria ins 20. Jahrhundert

„Schwarz, weiß und rot! Um e i n Panier
Vereinigt stehen Süd und Norden;
Du bist im ruhmgekrönten Morden
Das erste Land der Welt geworden:
Germania, mir graut vor dir!

Mit graut vor dir, ich glaube fast,
Daß du in argem Wahn versunken
Mit falscher Größe suchst zu prunken
Und daß du gottesgnadentrunken
Das Menschrecht vergessen hast!"

Diese sorgenvollen Verse des Revolutionsdichters Georg Herwegh waren in den 70er Jahren des 19. Jahrhunderts vielen Linksintellektuellen aus der Seele gesprochen, fürchtete man doch in jenen Kreisen die Ambitionen eines preußisch dominierten, machthungrigen und kriegslüsternen

Kaiserreiches. Doch die professionellen Schwarzseher der Linken irrten, wie so oft, auch damals. Es ging friedfertig zu im Innern, wie nach außen. Zunächst mußten die Deutschen demokratische Spielregeln üben. Nur spärliche 52 Prozent aller Wahlberechtigten nahmen am 3. März 1871 an den ersten Reichstagswahlen teil. Die National-Liberalen errangen dabei mit gut einem Drittel aller Stimmen einen überzeugenden Sieg und blieben für die nächsten zehn Jahre die stärkste Partei im Parlament.

Das Deutsche Reich von 1871, für das Karl Marx nur verächtliche Worte wie „Kapitalistenherrschaft" und „Militärdespotismus" übrig hatte, gehörte zu den gemäßigt konstitutionellen Monarchien. Es verkörperte einen Bundesstaat mit 25 Einzelländern und vereinigte in seiner Verfassung demokratische mit monarchistischen Elementen, föderalistische mit zentralistischen Strukturen. Daß Preußen formal die Führungsrolle im Reich übernahm, lag auf der Hand. Das Land war mit seiner Fläche, Bevölkerungszahl, Wirtschafts- und Militärmacht allen anderen deutschen Bundesstaaten weit überlegen.

Dennoch konnte von einer „Verpreußung" Deutschlands keine Rede sein – es sei denn, man nimmt die Uniformierung des deutschen Heeres zum Maßstab, wo sich selbst die Soldaten Bayerns (nach polternd-hartnäckigem Widerstand) dazu bequemten, die Pickelhaube aufzusetzen. Die deutsche Reichspolitik wurde nach Bismarcks Abgang 1890 immer weniger von Preußen geprägt, was auch in der Person des Reichskanzlers (etwa der Bayer Hohenlohe-Schillingsfürst) zum Ausdruck kam. Der Staat Preußen hatte seinen Erfolg im Vollzug der kleindeutschen Einigung mit dem Verlust seiner Unabhängigkeit und Souveränität bezahlt. Im Gegenzug beeinflußten preußische Wertvorstellungen und Leitbilder das übrige Deutschland in erheblichem Maße. Statt einer „Verpreußung" kam es zur Symbiose zwischen Potsdam und Weimar.

Zweifellos gehörte das Deutsche Reich auf dem Feld der Innenpolitik nicht zu den Musterdemokratien; dasselbe trifft aber auch für in dieser Hinsicht oft gepriesene Staaten wie Großbritannien oder Frankreich zu. Das gesamtdeutsche Wahlrecht war (im Gegensatz zu manchen Bestimmungen der Einzelstaaten) außerordentlich liberal. Es gab keinerlei Sperrklauseln oder Fünf-Prozent-Hürden. So erlangten die „Welfen", ebenso anachronistische wie streitlustige Gefolgsleute des abgesetzten Königs von Hannover, regelmäßig ihre fünf bis zehn Parlamentssitze. In jedem Reichstag von 1871 bis 1912 saßen an die 30 Vertreter nationaler Minderheiten wie Polen, Dänen oder Elsässer. Mit der Verfassung von 1871 erhielten alle Juden reichsweit die offizielle Gleichberechtigung. Das förderte in gewissem Maße zwar den Antisemitismus; 1879 etwa konstatierte der Historiker Heinrich von Treitschke: „Die Juden sind unser Unglück." Andererseits wären die französische Dreyfus-Affäre mit all ihren vehement judenfeindlichen Begleiterscheinungen oder gar mordgierige Judenpogrome wie in Rußland hierzulande undenkbar gewesen.

Der vom gesamten Volk gewählte Reichstag konnte über sein Budget- und Gesetzgebungsrecht erheblichen Einfluß auf das politische Schicksal der jeweiligen Regierung nehmen und machte davon in den fünf Jahrzehnten des Kaiserreiches auch bewußt und wirkungsvoll Gebrauch. Fünf von sieben Reichskanzlern wurden unter kritischer Mitwirkung des Parlaments entlassen, obwohl der Kanzlerwechsel laut Verfassung eigentlich nur dem Willen des Kaisers unterworfen war. Unabhängigkeit der Gerichte und Koalitionsfreiheit für die Arbeiterschaft brachten zusätzliche Rechtssicherheit

Außenpolitisch wurde Deutschland unter Bismarcks Leitung zum Friedensfaktor ersten Ranges. Sichtbarer Höhepunkt dieser Entwicklung war der Berliner Kongreß vom Juli 1878, als der Kanzler wie „ein ehrlicher Makler" die friedliche Regelung des Balkan-Problems zwischen Rußland, der Türkei und Österreich-Ungarn zuwege brachte. Als Störenfried der europäischen Ordnung galt bis zur Jahrhundertwende vornehmlich Frankreich, das den Verlust Elsaß-Lothringens nicht verschmerzen wollte und die mißtönende Revanche-Trompete mit penetranter Regelmäßigkeit ertönen ließ. „Die Angriffe auf Deutschland waren das tägliche Brot der Franzosen und erstreckten sich auf alles, auf die deutsche Küche oder Architektur ebenso wie auf die deutsche Diplomatie", schreibt Friedrich Sieburg. „Die wilde Gehässigkeit dieses Treibens ... überrascht noch heute."

Bismarck gelang es jedoch, durch den „Drei-Kaiser-Vertrag" von 1881 zwischen Deutschland, Rußland und Österreich-Ungarn, die Franzosen zu isolieren. Der gallische Hahn erprobte seine Kräfte zunächst beim Aufbau eines großen asiatisch-afrikanischen Kolonialreiches und ließ seine Soldaten statt gegen den verhaßten Nachbarn vorerst mit Siamesen, Berbern und Senegal-Negern kämpfen.

Die nachhaltigste europäische Vorbildwirkung erreichte Deutschland überraschenderweise nicht auf militärischem, sondern auf sozialem Gebiet. Es begann 1883 mit der von Bismarck initiierten Krankenversicherung und wurde von Kaiser Wilhelm II. 1889 vollendet mit dem Gesetz über Alters- und Invalidenversicherung. Ungeachtet aller heutzutage restriktiv anmutenden Bestimmungen (Rentenanspruch bestand erst mit dem 70. Lebensjahr und setzte 30jährige Beitragszahlung voraus) war die staatlich geförderte Sozialpolitik des deutschen Kaiserreiches einmalig in Europa. Großbritannien brauchte 25 Jahre, Frankreich nahezu ein halbes Jahrhundert, um auf diesem Sektor einen ähnlichen Standard zu erreichen.

Marxistische Geschichtsschreiber, von Amts wegen verpflichtet, alles Kaiserlich-Deutsche miserabel zu finden, ebenso wie ihre geistesverwandten linkslastigen Historiker westlicher Prägung, die vergangene Zeiten grundsätzlich nur mit heutigen Maßstäben messen, erfanden zur Relativierung des sozialen Fortschritts im Reich den Terminus „Zuckerbrot und Peitsche". Durch die knallrote Brille des Klassenkampfes betrachtet, kommt so wieder Ordnung ins Weltbild. Denn ein sozial-liberales Kaiserreich preußischer Provenienz paßt nicht ins Denkgefüge der Linken, die zwar heiße Tränen über Bismarcks Sozialistengesetze vergießen, dabei aber gern übersehen, daß gerade in Deutschland der Sozialdemokratie ungeahnte politische Möglichkeiten eingeräumt wurden.

Mit Kaiser Wilhelm II. begann 1888 eine neue, höchst widersprüchliche Ära. Der Monarch, mit dessen Namen sich eine ganze Epoche unserer Geschichte verbindet, repräsentierte in hohem Maße das zeitgenössische Deutschland. Der Kaiser war ein liberaler Militarist, ein intelligenter und vielseitig begabter Mann mit einem gesegneten Humor Berliner Prägung – für viele ein erschreckend moderner Preuße. Friedensliebe und Lust zur Drohgebärde vereinigten sich in ihm ebenso, wie Begeisterung über technischen Fortschritt mit romantisch-sentimentalen Auffassungen von Geschichte und Politik. „Anscheinend ist die eigentümliche Mischung aus risikobereiter Tatkraft und vorsichtigem Sicherheitsdenken etwas, das der deutschen Mentalität entgegenkommt", vermutet Gelfert in seiner Abhandlung „Wie die Deutschen wurden, was sie sind".

Die immense Popularität Wilhelms II. beruhte nicht zuletzt auf seiner prononcierten Ausstrahlung als Kaiser aller Deutschen. Das machte Eindruck zu einer Zeit, als der eher rationale Patriotismus des alten Hohenzollern-Staates einem überschäumendem Nationalbewußtsein wich. Das Lebensgefühl einer neuen Generation äußerte sich pompös, lauthals und selbstbewußt.

Man hatte als Deutscher zur Jahrhundertwende viele Gründe, Stolz für sein Land zu empfinden. Eine wirtschaftliche Großmacht mit Kolonialbesitz, ohne deren Wort in Europa keine Entscheidung mehr fiel, ein Staat mit weitgehendem sozialen Frieden, der mehr Künstler, Wissenschaftler, Erfinder und Nobelpreisträger hervorbrachte, als alle anderen zusammen, ein Reich voller Glanz und Gloria, das sich selbst immer besser gefiel. Der daraus resultierende deutsche Nationalismus besaß in Europa (vor allem in Frankreich) durchaus Vorbilder. Er entsprang eben nicht einer volksmäßig begründeten Aggressivität, sondern dem übersteigerten Selbstwertgefühl des mündig gewordenen Industriemenschen und dem herrschenden europäischen Zeitgeist des Imperialismus.

In Deutschland braute sich nach 1900 eine Mischung aus vordergründig-naivem Patriotismus und nationaler Überheblichkeit, aus phantasievollen Zielvorstellungen und idealisiertem Denken zusammen – eine geistige Befindlichkeit, die breite Bevölkerungskreise, einschließlich der Arbeiterschaft, erfaßte. Der im Irrealen schwebende, ebenso hochmütige wie verunsicherte Zeitgeist fand seinen reinsten Ausdruck im Stil der „Wilhelminischen Kunst". Er zog alles an, was den Bildungsbürger zum Träumen von eigener glanzvoller Größe verführen konnte. Und er hob sich wohltuend ab von unverständlicher Dekadenz der Moderne, die begann, sämtliche Illusionen und Idyllen erbarmungslos zu zerschlagen.

Es war unwiderruflich das letzte Kapitel innerer deutscher Einheit angebrochen.

Dieses „Wir sind wieder wer"-Gefühl, das vom Kaiser bis zum letzten Straßenbahnschaffner die Deutschen vereinte, konnte nicht von ewiger Dauer sein. Das Ausland begann argwöhnisch zu werden, wenn von der Maas bis an die Memel eine Spitzenleistung nach der anderen vollbracht und lautstark verkündet wurde. Frankreich kam sich gegenüber dem rheinischen Nachbarn bald wie ein Industriezwerg vor, die Briten wollten es nicht fassen, daß deutsche Schiffe die Handelsmarine des gloriosen Albion in den Schatten stellten, der Zar fürchtete spätestens seit der russischen Revolution von 1905 Deutschlands Beispiel politischer Toleranz gegenüber Sozialisten und Marxisten. Nur der traurige alte Kaiser in Wien hielt mit seiner „fortwurstelnden" Donaumonarchie zu Deutschland. Eines Tages, so Wilhelm II. ahnungsvoll, werde man die Nibelungentreue der Österreicher teuer bezahlen müssen.

Sicherlich ist Deutschland bis 1914 nicht systematisch von Feinden eingekreist worden, vielmehr stellte seine Außenpolitik sich manchmal selbst ins Abseits. Militärische Denkweisen erlangten allmählich den Vorrang gegenüber staatsmännisch-diplomatischen. Die forcierte Flottenrüstung verstrickte Deutschland in einen letztlich verhängnisvollen Wettstreit mit Großbritannien. Warum die Engländer sich freilich von der noch weitaus aggressiveren Aufrüstung zur See der USA damals nicht bedroht fühlten, wird immer ihr Geheimnis bleiben. Der vom Generalstabschef Alfred von Schlieffen realistisch einkalkulierte Zwei-Fronten-Krieg unter Neutralitätsverletzung Belgiens raubte der deutschen Diplomatie von vornherein dringend benötigten Verhandlungsspielraum und diente den Briten als bequemer Vorwand zum Kriegseintritt 1914.

Die völlig unnatürliche Koalition zwischen dem demokratisch-parlamentarischen Frankreich und dem asiatischen Despotismus Rußlands ließ in Deutschland fatalistische Kriegserwartungen und Visionen vom Endkampf zwischen Germanen, Slawen und Romanen aufkommen. Dabei ist völlig unzweifelhaft, daß spätestens seit der 2. Marokkokrise 1911 in fast allen europäischen Hauptstädten auf den unvermeidlich scheinenden Krieg hingearbeitet wurde.

Da Deutschland den Ersten Weltkrieg verlor, mußte es nach Siegerlogik auch an dessen Ausbruch schuldig sein. Diese These ist hierzulande noch heute Allgemeingut, verbreitet von einer Schule nationalmasochistischer Historiker; der Zusammenbruch von 1945 tat das Seine, die Hirne weiter zu vernebeln. Ideologen mögen ewig darüber streiten – hält man sich an Tatsachen, dann ist die alleinige Kriegsschuld Deutschlands nicht einmal ansatzweise feststellbar. In einer der jüngsten Veröffentlichungen zu diesem Thema stellt der Oxford-Professor Hew Strachan fest: „Territoriale Expansion hatte für Deutschland keine Priorität und war keine Ursache des Ersten Weltkriegs."

Was sich hingegen im August 1914 von Hamburg bis München deutlich manifestierte, war eine heutzutage völlig unverständliche Kriegsbegeisterung. Jubel und Hurra-Geschrei allerorten, jeder war für den Kampf. Zum Erschrecken der sozialistischen Dogmatiker marschierte auch die Arbeiterschaft voll vaterländischen Pflichtgefühls ins Feld. Von diesem Schock erholte sich die marxistische Ideologie lange nicht, wie immer, wenn die Wirklichkeit der reinen Lehre zuwiderläuft. Kaum ein Arbeiter dachte 1914 an den von Marx und Engels gepredigten Klassenkampf, geschweige denn, daß jemand den obskuren Schweizer Exilanten Wladimir I. Lenin ernst genommen hätte.

„Ich kenne keine Parteien mehr, ich kenne nur noch Deutsche", erklärte Kaiser Wilhelm II. am 4. August 1914. Das war ein wirkungsvolles Schlagwort mit realistischem Hintergrund. Denn jeder Mensch in Deutschland, ob Konservativer oder Sozialdemokrat, Protestant oder Katholik, alt oder jung, gebildet oder primitiv, glaubte fest an den Sieg seiner gerechten Sache. Wie sollte ein Heer mit preußischer Ausbildung je geschlagen werden?

Doch Preußen stellte schon 1914 eher eine historische Reminiszenz dar. Auf seine traditionellen schwarz-weißen Fahnen war das Rot des Reiches und des Blutes gekommen.

12. Kapitel

Die Tragik einer ungeliebten Republik

Die Weimarer Republik wurde unter Schmerzen geboren und blieb zeitlebens ein ungeliebtes Kind der Deutschen. Obwohl oder gerade weil dieser Staat sich ausgesprochen demokratisch und liberal gab, fanden nur wenige in ihm ihre politische Heimat. Man konnte und wollte lange nicht vergessen, daß an der Wiege der Republik sowohl eine eklatante militärische Niederlage, als auch ein in jeder Hinsicht demütigender Frieden gestanden hatten.

Das stolze, hochfahrende Deutschland sah sich 1919 als Paria unter den europäischen Nationen, verarmt und ausgeblutet durch vier Jahre Krieg gegen eine übermächtige Koalition und deren Hungerblockade. Im Versailler Vertrag hatte man ein ganzes Volk schuldig gesprochen, ohne ihm die geringste Möglichkeit zur Verteidigung einzuräumen. Der Kriegsschuldartikel 231 lud auf Deutschland die Bürde alleiniger Verantwortung für den Ausbruch des Ersten Weltkrieges. Auf diesen Paragraphen stützten sich auch sämtliche unsinnig hohen Reparationsforderungen von zunächst 226 Milliarden Reichsmark.

Derartige ökonomische Unvernunft fand ihre Ergänzung durch politisch-moralischen Irrsinn. Frankreich verabreichte seinem Nachbarn eine Ohrfeige nach der anderen, die militärische Besetzung des Ruhrgebietes 1923 war der Höhepunkt. Ost-Oberschlesien mit Kattowitz wurde von Deutschland getrennt, obwohl sich 60 Prozent der Einwohner in einer Volksabstimmung dagegen erklärt hatten. In Westpreußen, Memelland und der Provinz Posen fragte man die Bevölkerung sicherheitshalber gar nicht erst und schlug das Gebiet den Polen und Litauern zu. Danzig wurde zum anachronistischen Gebilde einer „Freien Stadt". Es ergab sich die einmalig groteske Situation, daß Deutschland aus zwei voneinander isolierten Teilen bestand: Ostpreußen als Insel mitten im polnischen Ländermeer. Konflikte waren dadurch schon vorprogrammiert.

Der Siegerhochmut von 1919 verstieg sich gelegentlich zu unfreiwilliger Komik. So forderte beispielsweise Artikel 246 des Versailler Vertrages: „Der Schädel des ostafrikanischen Häuptlings Makaua ist an die Regierung Seiner Britischen Majestät abzuliefern." Der tiefere Sinn dieser Forderung blieb dunkel, denn die Hirnschale des Häuptlings konnte in ganz Deutschland nicht gefunden werden! Doch in der Komik lag auch die Tragik kommender Ereignisse. Was der SPD-Vorsitzende und Reichspräsident Friedrich Ebert über diesen „Gewaltfrieden" von Versailles im Mai 1919 sagte, sollte manchem sozialdemokratisch angehauchten Historiker in den Ohren klingen: „Gewalt ohne Maß und Grenzen soll dem deutschen Volk angetan werden. Aus solchem aufgezwungenen Frieden müßte neuer Haß zwischen den Völkern und im Verlauf der Geschichte neues Morden erwachsen." Der Mann war ein Prophet, was freilich SPD-Politiker nicht davon abhielt, den Schandfrieden dennoch zu unterzeichnen.

Von innerer Ruhe war in den ersten fünf Jahren der Weimarer Republik nicht viel zu spüren. Der bolschewistische Spartakus-Aufstand in Berlin (Januar 1919), Niederschlagung der bayerischen Räte-Republik (Mai 1919), rechtsradikaler Kapp-Putsch (März 1920), Arbeiterkämpfe im Ruhrgebiet (April 1920), kommunistische Unruhen in Sachsen und Thüringen (März 1921), deutsch-polnischer Krieg um Oberschlesien (Sommer 1921), Schießereien mit französischen Besatzern an der Ruhr (Frühjahr 1923), Hamburger Kommunistenaufstand (Oktober 1923) und schließlich der Münchener Nazi-Putsch (November 1923) hießen die blutigen Meilensteine dieser Jahre. Die Liste der politischen Mordopfer ist lang: Karl Liebknecht, Rosa Luxemburg, Kurt Eisner, Hugo Haase, Matthias Erzberger, Walther Rathenau. Dazu gesellten sich die Lawinen der Hyperinflation und einer kollabierenden Wirtschaft.

Erst 1924/25 geriet das politische Leben des Deutschen Reiches wieder ins Gleichgewicht. Nachdem eine bisher beispiellose Inflation Hunderttausende um ihr Vermögen gebracht hatte, führte die Sanierung der Finanzen durch Einführung einer neuen Währung zu kurzer, aber eindrucksvoller Wirtschaftsblüte. Außenpolitisch durchbrach Deutschland mit dem Locarno-Vertrag vom Oktober 1925 seine Isolation; der Beitritt zum UNO-Vorläufer „Völkerbund" brachte 1926 weiteren internationalen Kredit.

Den ständigen Zank der Parteien vermochte das nicht einzudämmen. Reichspräsident Friedrich Ebert sah sich von links und rechts gleichermaßen angefeindet; je nach ideologischem Standpunkt galt er den Linken als „Arbeiterverräter", den Rechten als „Novemberverbrecher". Daß Ebert deutsches Staatsoberhaupt geworden war, ging auf einen realpolitischen Kompromiß aus den ersten Nachkriegsmonaten zurück. Das damals geschlossene Bündnis zwischen Sozialdemokraten und kaiserlichem Offiziers- und Beamtenkorps funktionierte halbwegs. Diese Partnerschaft dauerte aber nur so lange, wie der Bestand des Staates durch kommunistischen Umsturz oder rechtsradikale Umtriebe elementar gefährdet war. Als der sozialdemokratische Reichspräsident 1925 starb, kommentierte das KPD-Blatt „Rote Fahne" am 4. März höhnisch: „Heute trägt die monarchistische Bourgeois-Republik ihren Ebert mit Reichswehrparade und Pfaffengeplärr zu Grabe."

Die Nachfolge als Staatsoberhaupt trat der ehemalige Generalfeldmarschall Paul von Hindenburg an, ein biederer, argloser Preuße, der sich ehrlichen Herzens als Treuhänder des deutschen Volkes betrachtete, immer auf die Wiederkehr seines vertriebenen Kaisers wartete und von der Bevölkerung als eine Art Ersatzmonarch gewählt und verehrt wurde. Mancher fragte sich indes, wie lange die republikanische Loyalität des alten Herrn wohl dauern werde. Denn selbst in ihren besten Jahren war die Weimarer Republik ein höchst anfälliges Staatswesen, das seine Regierungen wechselte wie schmutzige Hemden (20

Kabinette in nur 14 Jahren!) und dessen Verfassung einen liberalistischen Kompromiß mit sämtlichen Schwächen des Parteienkampfes darstellte. „Deutschland war nun Republik und Demokratie, aber die Apparatur funktionierte nicht, wie es die Gebrauchsanweisung versprach", schreibt Joachim Fernau. „Streiks gab es fast täglich. Alle, die es sich leisten konnten, schlugen wild um sich, und wenn sie die Regierung zu neuen Zugeständnissen erpressen konnten, dann taten sie es."

Tief im inneren Herzen waren die Deutschen Monarchisten geblieben. „Unter dem Kaiser hätte es so etwas nicht gegeben", lautete ihre ständige Redensart. Die Republik hingegen, schlicht, schmucklos und steifleinern, ließ vaterländisches Gefühl nie so recht aufkommen. In der demonstrativ unpolitischen Reichswehr spürte man nur noch wenig von Preußens Glanz und Gloria. Als aber Ex-Kaiserin Auguste Viktoria im April 1921 starb, fanden sich mehr als 20 000 Menschen zur Beerdigung in Potsdam ein. Die Enteignung der deutschen Fürsten, mit Appellen an den Sozialneid des kleinen Mannes listig vorbereitet, scheiterte 1926 kläglich am Volksentscheid. Hingegen wurde der Staatsbesuch des Königs von Afghanistan im Februar 1926 zum spaltenfüllenden Medienereignis im grauen republikanischen Alltag.

Dieses gestrige Erscheinungsbild der Deutschen besaß seinen Kontrapunkt in ungeheurer Modernität von Wissenschaft, Technik und Kultur der 20er Jahre. Eine Fülle neuer Kunstformen wie Film und politisches Kabarett, Eröffnung von Bauhaus und Deutschem Museum, Opels Raketenauto, Dorniers Riesenflugboot und das Rekord-Schiff „Bremen" waren Errungenschaften, die internationale Anerkennung fanden.

Dennoch merkte man nur wenig von Stolz oder gar Einigkeit unter den Deutschen. Die Nation war so tief gespalten wie nie zuvor. Seit Hindenburgs „Flaggenkompromiß" von 1926 gab es selbst eine allgemeingültige Nationalfahne nicht mehr. Das republikanische Schwarz-Rot-Gold und das kaiserliche Schwarz-Weiß-Rot wurden ohnedies durch die Couleur der jeweiligen Parteibanner immer mehr verdrängt. Unsicherheit und Hysterie, durch eine verantwortungslose Sensationspresse nach Kräften geschürt, artikulierten sich auch mittels Übersteigerungen des Kulturlebens. Alles mußte möglichst schrill, grell und avantgardistisch sein. Das Morbide und der Schrei gerieten zum typischen Ausdrucksmittel in Malerei, Musik, Theater, expressionistischer Dichtung. Parallel dazu enstand die wohl häßlichste und unvorteilhafteste Damenmode der gesamten Kostümgeschichte. Künstlerische Zerstörung von ästhetischem Genuß und schöner Illusion sollte den Konsumenten zur bewußteren Wahrnehmung seiner sozialen Lage führen. Das Ergebnis war jedoch eine tiefgreifende Verständnislosigkeit gegenüber solchen Eskapaden.

Die Gegensätze traten offen zutage, nachdem im Oktober 1929 Außenminister und Friedensnobelpreisträger Gustav Stresemann, einzige Integrationsfigur der politischen Szenerie, starb und wenige Tage danach die Weltwirtschaftskrise ausbrach.

Zerstörung und Zusammenbruch der Weimarer Republik, die in Hitlers Berufung zum Reichskanzler endeten, vollzogen sich ab 1930 in immer größerer Geschwindigkeit. Massenarbeitslosigkeit, Bankenkrach und Konkurse radikalisierten die Parteien. Das Reich litt zunehmend unter Straßenterror und stand bald vor der Katastrophe.

Feste politische Mehrheiten kamen nicht mehr zustande. Dafür gewannen Kommunisten und Nationalsozialisten beängstigend an Einfluß, beide von unterschiedlichen Standpunkten aus damit beschäftigt, die demokratische Republik durch eine Diktatur zu ersetzen. Bismarck hatte einst festgestellt, mit Notverordnungen könne jeder Ochse regieren, nun wurden solche Notgesetze ohne parlamentarische Zustimmung zum Non plus ultra deutscher Staatskunst erhoben.

Unter den Bedingungen der Weltwirtschaftskrise erwiesen sich britische und französische Reparationsforderungen als unübersteigbare Hürde. Im sogenannten Young-Plan war Deutschland 1929 verpflichtet worden, bis 70 Jahre nach Kriegsende insgesamt 116 Milliarden Mark an die Versailler Sieger zu zahlen. Als es Reichskanzler Heinrich Brüning 1932 gelang, Milderung und Aufschub in dieser Überlebensfrage zu erreichen, war es bereits zu spät. Hindenburg, zunehmend seniler geworden, ließ Brüning fallen und ernannte den aalglatten Sonntagspolitiker Franz von Papen zum Reichskanzler. Dessen einzige Leistungen bestanden darin, Preußens gewählte Landesregierung durch einen Staatsstreich zu beseitigen und das Land der Nazi-Partei auszuliefern.

Die Demokratie war am Ende, noch bevor Hitler seine Hand nach der Alleinherrschaft ausstrecken konnte. „Der Parlamentarismus ist nicht krank, weil Diktatoren ihn bedrohen; Diktatoren drohen, weil der Parlamentarismus krank ist", formulierte ein Zentrumspolitiker. Der Weimarer Staat ging nicht zuletzt an seiner mangelhaften Verankerung im staatsbürgerlichen Denken und Fühlen des deutschen Volkes zugrunde.

Im Jahre 1932, dem Kulminationspunkt der politischen Krise des Systems, schrieb der konservative Publizist Ernst Jünger: „Das Gesicht der späten Demokratie, in das Verrat und Ohnmacht ihre Zeichen eingegraben haben, ist allzu bekannt. In diesem Zustand sind alle Mächte der Verwesung, alle abgelebten, fremden und feindlichen Elemente herrlich gediehen." Den Nutzen aus dieser intellektuellen Verweigerung gegenüber demokratischen Spielregeln zog der Weltkriegs-Gefreite Adolf Hitler wenig später in Gestalt eines Führers aller Enttäuschten.

Das Zukunftsbild einer revolutionären Synthese von Nationalismus und Sozialismus, das die Nazis entwarfen, stieß auf ein Grundbedürfnis der Zeit. Weitverbreitete Unzufriedenheit mit Parteienhader, Führungsschwäche und außenpolitischer Erfolglosigkeit machte empfänglich für Absagen an Liberalismus und Parlamentarismus. Propagierung des autoritären Führerprinzips in Staat und Gesellschaft fiel auf fruchtbaren Boden. Das erkannten auch die hinter Hindenburg stehenden konservativen Kreise, die ansonsten mit den rüden und populistischen Methoden der Nazis nicht viel im Sinn hatten.

Was die Nationalsozialisten von einer dubiosen bayerischen Splitterpartei zur Massenorganisation werden ließ, war zum einen das Versagen des parlamentarischen Weimarer Systems, vor allem auf wirtschaftlichem Gebiet, zum anderen die Radikalität und große Ausdeutbarkeit von Adolf Hitlers Forderungen, welche letztlich fast jedes Wunschdenken befriedigten. Keine andere Partei verstand es so virtuos, Techniken der Massenbeeinflussung einzusetzen wie die NSDAP. Keine andere Partei besaß einen Volkstribun von derart suggestiven Fähigkeiten wie Hitler, keine andere Partei (die Kommunisten ausgenommen) trat politisch derart rücksichtslos auf. Gläubigkeit, Opferbereitschaft und Entschlossenheit der Hitler-Gefolgschaft waren bemerkenswert und beeindruckten große Teile der Bevölkerung.

Das Vorhaben der Konservativen, in Gestalt einer Koalitionsregierung die vitalen Kräfte der NS-Bewegung gleichzeitig zu nutzen und abzubremsen, erwies sich schon im Ansatz als falsch. Die konsequente Umwandlung des politischen Systems zur Einparteien-Diktatur war nur eine Sache weniger Monate. Selten ist eine machtbesessene Ideologie (die jederzeit zur materiellen Gewalt werden kann) derart kraß unterschätzt worden, wie im deutschen Wendejahr 1933.

*

Die veröffentlichte Meinung dieses Landes vermittelt seit langem den Eindruck, Deutschlands Geschichte habe erst am 30. Januar 1933 begonnen und zwölf Jahre später geendet; Jahre, an denen wir alle bis heute gefälligst zu leiden und für die wir ewig zu büßen hätten. Unsere Vergangenheit begann aber nicht 1933 und endete auch nicht in diesem Jahr. Es begann allenfalls die Zeitgeschichte, deren anfängliche zwölf Jahre es unter anderem mit sich brachten, daß Heinrich Heine als „Judensau vom Montmartre" geschmäht wurde. Den argen Spötter, der selbst kräftig auszuteilen gewohnt war, hätte das wahrscheinlich kalt gelassen, wußte er doch, von wem es kam. Er hat seinen Glauben an die inneren Werte des deutschen Volkes nie verloren, auch wenn er zum Schluß den Wohnsitz in Paris nahm. Von dort schrieb er:

*„Ja, ich gestehe, es hängt mein Herz
Ein bißchen an dem alten
Deutschland noch immer, ich denke noch gern
An die schönen verlornen Gestalten."*

Mit solchen und ähnlichen Versen würde der Dichter wohl hierzulande schnell unter die Nationalisten gerechnet werden. Was Joachim Fernau vor mehr als 30 Jahren beklagte, gilt bis heute und heute mehr denn je: „Wir leben in einem für immer aufrecht erhaltenen Bewußtsein, als einziges Volk der Erde eine vollkommen unsühnbare Vergangenheit zu haben. Das ist erschütternd in seiner Unsinnigkeit, Heuchelei und Brutalität."

Vielleicht aber wird eines Tages Realität werden, was Heinrich Heine Anfang des 19. Jahrhunderts seinen Landsleuten wünschte:

„Alles Schöne kommet wieder,
Alles Gute kehrt zurück;
Und der Deutsche, fromm und bieder,
Froh genießt sein deutsches Glück."

LITERATURAUSWAHL

Autorengruppe (Red. Ernst v. Khuon):
„Chronik der Deutschen",
Augsburg 1996

Engel, Evamaria/Holtz, Eberhard (Hrsg.):
„Könige und Kaiser des Mittelalters",
Leipzig 1989

Fernau, Joachim:
„Deutschland, Deutschland über alles...Von Anfang bis Ende",
München 1987

Fischer-Fabian, Siegfried:
„Preußens Gloria. Der Aufstieg eines Staates",
München 1979

Fischer-Fabian, Siegfried:
„Preußens Krieg und Frieden. Der Weg ins Deutsche Reich",
München 1981

Geiss, Immanuel (Hrsg.):
„Chronik des 19. Jahrhunderts",
Dortmund 1993

Gelfert, Hans-Dieter:
„Was ist deutsch? Wie die Deutschen wurden, was sie sind",
München 2005

Haffner, Sebastian:
„Preußen ohne Legende",
Hamburg 1979

Höfer, Manfred:
„Die Kaiser und Könige der Deutschen",
München 1994

Kleßmann, Eckart:
„Deutschland unter Napoleon in Augenzeugenberichten",
München 1976

Mottek, Hans:
„Wirtschaftsgeschichte Deutschlands",
Berlin 1975-1978

Nuss, Bernard:
„Das Faust-Syndrom. Ein Versuch über die Mentalität der Deutschen",
Bonn 1992

Sieburg, Friedrich:
„Französische Geschichte",
Frankfurt/Main 1964

Straubel, Rolf/Weiss, Ulman (Hrsg.)
„Kaiser, König, Kardinal – Deutsche Fürsten 1500-1800",
Leipzig 1991

Treue, Wilhelm:
„Kulturgeschichte des deutschen Alltags",
Potsdam 1942

Wein, Martin:
„Schicksalstage der deutschen Geschichte",
Stuttgart 1993

Zierer, Otto:
„Die großen Ereignisse der Weltgeschichte",
Köln 1987

PERSONENREGISTER

Adalbert, Mönch *32*
Adolf, Graf von Holstein............................. *53*
Adolf, Graf von Schauenburg......................... *39*
Adolf, Herzog von Nassau............................ *62*
Albrecht Achilles, Kurfürst von Brandenburg *68*
Albrecht der Bär, Markgraf von Brandenburg............ *40*
Amsdorff, Nikolaus von.............................. *81*
Arndt, Ernst Moritz *133*
Arnulf der Böse, Herzog von Bayern................... *25*
Auguste Viktoria, Deutsche Kaiserin................... *179*
Balk, Hermann *42*
Banér, Johann von *89*
Behaim, Martin..................................... *70*
Berlichingen, Götz von *7*
Bernhard, Herzog von Sachsen-Weimar *89*
Bismarck, Otto von........ *150, 153, 154, 159, 161, 162, 164, 182*
Blücher, Gebhard Leberecht von *135*
Blum, Robert....................................... *149*
Bosau, Helmold von................................. *37*
Brüning, Heinrich................................... *183*
Capone, Al... *16*
Chamisso, Adelbert von.............................. *125*
Clemens II., Papst (Suidger von Bamberg)............... *45*
Dach, Simon *94*
Dahn, Felix *42*
Dornier, Claude *180*
Eberhard der Greiner, Graf von Württemberg.......... *66, 67*
Ebert, Friedrich............................. *175, 177, 178*
Eichendorff, Joseph von.............................. *140*
Eisner, Kurt *176*
Engels, Friedrich *152, 170*
Erasmus von Rotterdam *75*
Erzberger, Matthias *176*
Fernau, Joachim *70, 179, 187, 189*
Feuchtwangen, Siegfried von......................... *43*
Franz II., Kaiser *121*
Freiligrath, Ferdinand................................ *149*
Friedrich I. Barbarossa, Kaiser *48-52*
Friedrich I., Kurfürst von Brandenburg................. *67, 68*
Friedrich II., der Eiserne, Kurfürst von Brandenburg *67*
Friedrich II., der Große, König von Preußen *98, 99, 106, 107-109, 111-113, 124, 125*
Friedrich II., Kaiser *52, 54, 56*
Friedrich III., Kurfürst von Brandenburg
 (ab *1701* Friedrich I., König in Preußen).............. *103*
Friedrich IV., Pfalzgraf............................... *88*
Friedrich Wilhelm I., König von Preußen *103-106*

Friedrich Wilhelm III., König von Preußen........... 124, 131
Friedrich Wilhelm IV., König von Preußen............... 148
Friedrich Wilhelm, Kurfürst von Brandenburg........... 101
Gelfert, Hans-Dieter.......................... 55, 98, 165
Georg Wilhelm, Kurfürst von Brandenburg.............. 91
Georg, König von Hannover.......................... 150
Gero, Markgraf der Ostmark....................... 32, 33
Geyer, Florian.. 77
Gneisenau, August Graf Neidhardt von............. 131, 134
Goethe, Johann Wolfgang..................... 77, 110, 140
Grimmelshausen, Hans Jakob von...................... 95
Gustav II. Adolf, König von Schweden............... 91, 129
Gutenberg, Johannes................................. 70
Haase, Hugo.. 176
Hardenberg, Karl August Graf von..................... 132
Hegel, Georg Friedrich Wilhelm....................... 119
Heine, Heinrich..................... 11, 13, 14, 16, 186, 187
Heinrich der Bärtige, Herzog von Schlesien.............. 54
Heinrich der Löwe, Herzog von Sachsen
   und Bayern........................... 40, 41, 49-51, 56
Heinrich I., Kaiser................................ 24-29
Heinrich III., Kaiser............................. 45, 46
Heinrich IV., Kaiser................................. 49
Heinrich Jasomirgott, Herzog von Österreich............ 50
Heinrich VI., Kaiser................................. 52
Heinrich VII., Kaiser................................ 62
Heinrich VIII., König von England..................... 16
Henlein, Peter...................................... 70
Hermann der Cherusker.............................. 17
Herwegh, Georg.................................... 157
Hindenburg, Paul von.................... 178, 180, 183, 184
Hitler, Adolf.......................... 12, 20, 34, 182-185
Hohenlohe-Schillingsfürst, Chlodwig Fürst zu........... 159
Hölderlin, Johann Christian...................... 117, 118
Hutten, Ulrich von................................ 75, 77
Iwan der Schreckliche, russischer Zar.................. 16
Johannes XXII., Papst................................ 64
Jünger, Ernst...................................... 184
Kant, Immanuel.................................... 111
Karl der Einfältige, König von Westfranken............. 26
Karl der Große, Kaiser..................... 20, 22, 25, 47, 56
Karl der Kahle, König von Frankreich................... 22
Karl IV., Kaiser............................. 62, 65, 66
Karl V., Kaiser........................... 71, 79, 80, 82
Kepler, Johannes.................................... 94
Kleist von Nollendorf, Friedrich Heinrich Graf.......... 134
Konrad von Wettin, Markgraf von Meißen................ 39
Konrad, Herzog von Franken.......................... 24
Konrad, Herzog von Masowien........................ 43

Kopernikus, Nikolaus 69
Körner, Theodor 130, 134
Lenin, Wladimir I. 170
Lessing, Gotthold Ephraim 111
Liebknecht, Karl 176
Lothar, König von Franken 28
Ludwig das Kind, König von Ostfranken 23, 24
Ludwig der Deutsche, König von Ostfranken 22, 23
Ludwig IV., der Bayer, Kaiser 62, 64
Ludwig XIV., König von Frankreich 97, 101
Luise, Königin von Preußen 113, 125, 126, 132, 133
Luther, Martin 20, 71-76, 79, 81, 88
Luxemburg, Rosa 176
Mansfeld, Peter Ernst Graf von 89
Maria Theresia, Kaiserin 112
Marwitz, Johann Friedrich von der 110
Marx, Karl 158, 170
Maximilian I., Kurfürst von Bayern 88
Metternich, Clemens Fürst von 135, 143
Mieszko I., Fürst von Polen 33
Minck, Johann David 90
Mirabeau, Honoré Gabriel de 109
Moltke, Helmuth von 152, 155
Möser, Albert 28
Müntzer, Thomas 77, 78
Napoleon I., Kaiser der Franzosen 115, 118-120, 122-124,
                                         126, 130-136, 140, 143
Napoleon III., Kaiser der Franzosen 155
Niklot, Obotritenfürst 40, 41
Nuss, Bernard 35, 75
Olga, Großfürstin von Kiew 32
Opel, Adam 180
Otto I., der Große, Kaiser 29, 30, 32, 46
Ottokar II., Herzog von Österreich-Böhmen 61
Palm, Johann Philipp 122
Papen, Franz von 183
Pappenheim, Gottfried Graf von 89
Pribislaw, Obotritenfürst 41
Pufendorf, Samuel 92
Rathenau, Walther 176
Robespierre, Maximilien de 16, 78
Rüchel, Ernst Philipp von 124
Rückert, Friedrich 130
Rudolf von Habsburg, Kaiser 57, 59-61
Ruprecht, König und Pfalzgraf 62
Schenkendorf, Max von 130
Schill, Ferdinand von 132
Schleiermacher, Friedrich 123
Schlieffen, Albrecht von 168

Siebold, Abt von Lehnin *40*
Sieburg, Friedrich *21, 133, 162*
Staël, Anne Germaine de............................ *116*
Stein, Karl Reichsfreiherr von und zum *131, 132, 134, 138*
Strabon, Reiseschriftsteller *17*
Strachan, Hew...................................... *169*
Stresemann, Gustav *181*
Tacitus, Cornelius *17*
Talleyrand, Charles-Maurice de *126*
Tetzel, Johann *73*
Thietmar von Merseburg............................. *31*
Tiefenau, Dietrich von *42*
Tilly, Johann Tserclaes Graf von....................... *89*
Treitschke, Heinrich von *160*
Trotzki, Leo (eig. Leib Bronstein) *78*
Uhland, Ludwig *130*
Voltaire, Francois-Marie Arouet de *111*
Waldemar II., König von Dänemark *53*
Wallenstein, Albrecht von *91, 129*
Wein, Martin *38*
Wenzel, König von Böhmen *61, 62*
Werth, Johann von *89*
Wigbod, Kaplan *20*
Wilhelm I., Deutscher Kaiser *156*
Wilhelm II., Deutscher Kaiser.............. *163-165, 167, 170*
Yorck von Wartenburg, Johann Ludwig Graf............ *134*